Anne Schmid-Dürrschnabel

Magdalena — Marianna — Johanna
Stolpersteine auf dem Weg von
drei Frauengenerationen

Schmid-Dürrschnabel, Anne:
Magdalena — Marianna — Johanna: Stolpersteine auf d. Weg von 3 Frauengenerationen/Anne Schmid-Dürrschnabel. — Bochum: Winkler, 1988
ISBN 3-924517-26-6

Illustrator: Herbert Kühnhöfer

© by Verlag Dr. Dieter Winkler, Bochum 1988

Das Werk ist urheberrechtlich geschützt. Die dadurch begründeten Rechte, insbesondere die des Nachdrucks, der Funksendung, der Wiedergabe auf photomechanischem Wege oder der Speicherung in Datenverarbeitungsanlagen bleiben, auch bei nur auszugsweiser Verwertung, vorbehalten.

Herstellung: Wissenschaftliche Redaktion Dr. Dieter Winkler, D-4630 Bochum 1, Tel. 0234/17508

Druck: Grässer, Karlsruhe

Anne Schmid-Dürrschnabel

Magdalena
Marianna
Johanna

Stolpersteine
auf dem Weg von drei Frauengenerationen

und

Anderwärts aufgelesen

Mit Illustrationen von Herbert Kühnhöfer

© 1988 by Verlag Dr. Dieter Winkler

Vorwort

Nach den Jahrzehnten im Lokalbereich der Zeitungsmacher, nach Terminen und Hetze im Redaktionsbüro, fand ich Zeit zum Überdenken meines Lebens. "Warum sollte ich jetzt des Schreibens müde sein?" rüttelte ich an mir selbst. "Nein", lautete die innere Stimme, und ich machte mich am Schreibtisch auf den Weg in die Vergangenheit. Dankbarkeit gegenüber dem Schöpfer aller Dinge erfüllte mich dabei. In die "Stolpersteine" sind auch die Schicksale von Vorfahrinnen aufgenommen worden, insgesamt Lebenswege zwischen dem 18. und 20. Jahrhundert. Die Wurzeln der Herkunft liegen betont im Handwerkerstand einer kleinen Stadt. Zeitumstände und die von ihnen geprägten Menschen, Biedermänner und Hinterwäldler spielen Schicksal wie der weite Horizont einer nach Fortschritt strebenden kleinen Bevölkerungsschicht.

Obschon dem Frauen-Dreigespann der Drang von der Enge ins Weite anhaftet, so fühlt es sich in dieser Realität dennoch immer einer Aufforderung aus der Bibel verbunden: "Tu, was dir vor die Füße kommt, denn Gott ist mit dir". Auf daß die Biographien über Magdalena, Marianna und Johanna, und anderen Leuten, nicht am Überschuß der nüchternen Chronik leiden, wurde — abgesehen von den Reisen — in die Blätter ein gewisses Quantum Phantasie hineinverwoben. Namen wurden verändert und versucht, die Freiheit der Dichtung auszukosten, ohne von der Autobiographie etwas abzugraben.

ASD

Inhalt

Großer Bruder 11
Vernebelt 13
Am Schlüsselloch 15
Butterweible 16

Magdalena
   Magdalena 19
   Speck und Lohe 29
   Hunger...Hunger 31
   Keinen Pfennig 32
   Neue Besen... 34
   Aufschnappen 35
   Brillenglotzere 37
   Stinkendes Elend 38
   Frohe Erwartung 40
   Betglockläuten 41
   Nachbars Ähne 42
   Hopp – Hopp 43
   Krämerseelen 45
   Wind aus Nahost 46

Marianna
   Marianna 51
   Über alles: Harmonie 62
   Arbeitskolonnen 63

Johanna
   Johanna 67
   Großmutter erzählt 79
   Überfall 81
   Weitsicht statt Einengung 89

Traumhaft	90
Unterirdisch	93
Lautlose Finsternis	94

Anderwärts aufgelesen
Waldvögelein	99
Das fertige Nest	101
Danach die Disharmonie	103
Die mageren Jahre	106
Die Liaison	108
Er blieb aufrecht	111

Adé schöne Gegend
Adé schöne Gegend	115
Schaffa, schaffa	118
Immer am Drücker	120
Abkehr vom blauen Anton	122

Kleinen Mannes großes Geld
Kleinen Mannes großes Geld	129
Untrüglicher Spürsinn	133

Nachhall aus Frühlingsjahren
Nachhall aus Frühlingsjahren	137
Es klang so schön	141

Großer Bruder

In den bösen Zeiten um 1915 kam an Großvater eine gute Nachricht hereingeflogen: Sein jüngster Sohn hatte nach bestandenem Examen die erste Schulstelle bekommen. "So braucht er nicht in den Krieg", meinte Großvater. Freuen tat auch ich mich, die älteste Enkelin und eben ABC-Schütze geworden. Onkel Hermann, 15 Jahre älter als ich, war für mich wie ein großer Bruder. So erhoffte ich, nachdem die Prüfungsarbeiten beendet, daß Hermann wieder wie zuvor mit uns Kindern in den Wald ziehen und Vogelstimmen erklären würde. Auch in den Ferien würde er wohl zuhause sein. Wer sonst konnte uns so schöne Tiergeschichten erzählen?

Mutter hatte einmal verraten, daß der Hermann Lehrer geworden, weil es genug Handwerker gäbe, die es mit dem Leben schwer täten. Lehrer bekämen Ferien, Handwerker aber nicht.

Des jungen Lehrers Existenz war aber von der Nähe besehen, ganz anders. Er lehrte die Schüler von drei Landgemeinden. Sonntagmorgens kamen die Schulentlassenen in die Fortbildungsschule und hernach hatte Hermann zum Organistendienst in der Kirche anzutreten, sonntagnachmittags bei der "Christenlehre". Einen Sommerurlaub mit des Bruders Kindern zu verbringen, blieb uns allen ein Traum. Der junge Lehrer mußte nämlich wider Erwarten an die Westfront.

Als er endlich nach langem Vermißtsein nach Krieg und Gefangenschaft zurückgekommen, hatte er aufgehört, "großer Bruder" zu sein. Seine Weiterbildung in der fernen großen Stadt hatte dann im Vordergrund gestanden.

Der früh verwitwete Großvater begann nach der Rückkehr aus langer Gefangenschaft seines jüngsten Sohnes wieder mit Genuß sein unvermeidliches Pfeifchen zu rauchen. Die Leute von der Nachbarschaft gratulierten, als der hochgewachsene Mann wieder aufrechten Ganges auf den Berg hinauf zu seinen Bienen schritt. Er hatte in noch jüngeren Jahren viel Leid erfahren: fünf von seinen neun Kindern hatte er während einer Jahre hindurch grassierenden Seuche, im Alter zwischen zwei und zwölf Jahren hergeben müssen.

Im Poesie-Album hat mir mein Großvater auf den Lebensweg mitgegeben (1921): Geh deinen Weg auf rechtem Steg, − fahr hin und leid − trag keinen Neid. − Vertrau auf Gott − in jeder Not, − sein Hilfe wirst du finden.

Vernebelt

In der Nacht war Neuschnee gefallen. Deshalb stand in dieser Februarfrühe Frau Letzer mit einem Besen bewehrt vor der noch verschlossenen Haustür. Anders wäre sie gar nicht von ihrem Haus am Jakobsbuckel heruntergkommen. Bei uns daheim war wieder einmal großer Waschtag. Mutter war bereits um vier Uhr aufgestanden und hatte gleich alle Öfen in Gang gebracht. In der Waschküche war dicker Nebel vom dampfenden Wasser im großen Bottich. Die Deckenlampe gab nur dünnes Licht. Nur wenn manchmal beim Nachlegen der Feuerschein vom Waschkessel den vernebelten Raum aufhellte, konnten wir voneinander wenigstens unscharf Notiz nehmen. Ich war vor Frühstück und Schule das Laufmädchen, hatte Holz und Kohlen zu beschaffen, und den Werkstattleuten den Kaffee zu bereiten. Frau Letzer war eine gutmütige Frau, sie half mir, den Kohleneimer zu tragen, auch sie stocherte zuweilen im Feuer herum, wenn ich rechtzeitig nachzulegen vergessen hatte. Nie fiel ein böses Wort deswegen. Wenn mein Schulbeginn erst in der Mitte des Vormittags lag, schrubbelten wir miteinander im Waschzuber. Frau Letzer hatte meistens Geschäftshäuser als Kundschaft. Sie wußte aber auch über alle möglichen anderen Leute Bescheid. Nach Möglichkeit vermied sie die Namen ihrer Kunden zu nennen. Das war sie schließlich ihrem Geschäft schuldig. Sobald unser Hausmädchen eintraf, das wegen einem kranken Vater erst später anfangen konnte, war die Unterhaltung am Waschzuber richtig im Gang. Mutter war es nie so recht nach Klatsch zumute. Ihr ging es darum, daß es mit den jeweiligen Waschgängen auf dem Feuer klappte, und daß bis zum frühen Abend die Naßwäsche rechtzeitig aufgehängt war. Denn sie hatte im Laden vollauf zu tun, und die Geschwister hingen ihr auch am Rockzipfel, soweit sie noch nicht in Schule und "Kinderschule" gingen.

Unterdessen waren die Hände fleißig, die Zungen ebenfalls. "Dia kennet froh sei, daß se dees zahla kennet," das Mädchen meinte damit die Familie des Fabrikanten, die erst vor ein paar Jahren ins Städtchen gekommen war. Ich erfuhr dann zwischen Dampf und

Seifenschaum von einer jungen Dame, die nicht verheiratet, aber dennoch demnächst ein Kind bekommen solle. Ganz heimlich sei nachts ein Mietauto an der Villa vorgefahren. Der Schorsch, des Mädchens heimlicher Freund, habe es erzählt. Weinend sei die Tochter eingestiegen. Der Schorsch sei eigentlich schadenfroh darüber gewesen, weil ihn die Fabrikantentochter nie jemals eines Blikkes gewürdigt habe. Von dem Chauffeur habe er nachher erfahren, daß er sie irgendwo im Österreichischen abgeliefert habe. Ja, ja, so gehts, meinte Frau Letzer, "i ben froh, daß i koene Mädla han. Blos a paar ganz brave Buaba". Das Hausmädchen fragte die erfahrene Wäscherin, was man denn machen könne, wenn so etwas passiert. "Bleiba lassa, gang mit meim Jakob, no bisch sicher." "I han aber doch scho mein Schorsch", sagte das Mädchen, nachdenklich geworden. "No heiratet mir eifach, ond i werd Waschfrau wia Sia".

Am Schlüsselloch

Sachen, die "Du doch noch nicht verstehst", waren mein großes Interessengebiet. Die Tür zum Elternschlafzimmer war hauptsächlich am späten Abend von mir belagert, wenn Vater Fronturlaub hatte. Der brennenden Frage, wieviel Franzosen er seit dem letzten Urlaub kaputtgemacht hat, ging er mir immer aus dem Weg. Und so versuchte ich halt, sie durchs Schlüsselloch beantwortet zu bekommen. Manchmal war ich nicht vorsichtig genug, und Vater führte mich in mein Bett zurück mit "Das darfst du nicht mehr tun."

Soldaten, Soldaten, Gewehre und Säbel füllten die Bilderbuchseiten. Auf den Höhen, wo wir Kinder auf den abgeernteten Feldern Ähren zusammensuchten, war oftmals Schlachtendonner zu hören. Wurde eine Schlacht im Westen gewonnen, wurde vom Rathaus her der Polizeidiener auf die Straßen geschickt, mit seiner großen Schelle. "Heute abend 8 Uhr auf dem Marktplatz feiern wir..." Klein und Groß sang zum Abschluß der Siegesfeier jeweils "Nun danket alle Gott".

Eine Riesenschlange von Militärwagen zog einmal durchs Städtchen. Da war doch endlich etwas los. Ein Schulkamerad konnte die Sensation nicht nahe genug erleben und hing sich auf die Rückseite eines Fahrzeugs. Er hielt sich auf einer langen Strecke mit nur einem Arm fest, wedelte mit dem anderen nach allen Seiten, damit er gesehen werde. "Hurrah, hurrah", schrie er, so lange bis er herunterfiel und vom nachfolgenden Gefährt überfahren und getötet wurde. Ein schmerzliches Ereignis. Von da an war auch meine Neugier eingedämmt.

Butterweible

Von Sellbach kam es, frische, säuerliche Butter brachte es uns, gegen neue oder instandgesetzte Schuhe. Nicht nur wegen der angebotenen Mangelware, sondern auch sonst war das Weible ein willkommener Gast. Ein Stück von den mit Farnkraut umwicklelten Bällchen war für uns Kinder die beste Delikatesse der Welt. Marie von Sellbach war der Mensch, dem wir wie selbstverständlich unser Bett zum Schlafen anboten. Wer wollte auch einer solchen Frau einen stockdunklen Heimweg, über Stock und Stein zumuten? Ich, die Neunjährige noch am Allerwenigsten. Sobald sie auf dem Sofa lag — der würde ihr genügen, meinte sie —, ihren Haarknoten gelöst und sich ausgestreckt hatte, war sie das Schneewittchen. Die paar weißen Strähnen im Dunkel ihres Haarschopfes störten unsere Einbildung nicht. — Es lag immer eine gewisse Spannung in der Luft, ehe das Bäsle jeweils eine ihrer Geschichten zum Besten gab. Sie soll sogar um sieben Ecken herum mit uns verwandt gewesen sein.

Meine Schwester schlief auf einem Schemel am Sofa vor Beginn der folgenden Geschichte ein. Ich aber ließ dem Bäsle keine Ruhe vor ihrem wohlverdienten Nachtschlaf. So begann sie: "Du Krott, bisch mir eigentlich zua jong für dia Gschiacht von dr Magdalene." Ich rundete sodann meine Jahreszahl um zehn Monate auf. Es war sonst niemand zugeen, der mich hätte korrigieren können. So unterließ es Marie, diesmal zu sagen: "Das verstehst du noch nicht!"

Magdalena

Magdalena

war eine Dippelsauers Tochter, ihr Lebenslauf begann vor 200 Jahren in der kleinen Stadt. Sie hatte braunes Haar und war ein "sauberes Weibsbild". Sie war "Mädchen für alles", für die Familie, für die Mithilfe in der Werkstatt. Am liebsten aber arbeitete sie in einem der hängenden Gärten über dem Fluß.

"Lena" wurde sie von ihren Angehörigen gerufen, vom Vater her mit betonter Strenge. Diese, meinte er, sei bei seiner hübschen Tochter ganz besonders angebracht. War sie zum Lichtgang eingeladen, wollte der gestrenge Mann alle Namen aufgezählt haben, deren Träger zum winterlichen Vergnügen kamen: dr Karle, dr Hansjörg, dr Heiner und der Schorsch. Annodazumal gab es weder Fließendwasser noch Elektrizität in den Häusern. Auch die Straßen waren nur sparsam mit einer Erdölfunzel beleuchtet. "Z'Liacht" ging die Gruppe junger Leute auf einen Bauernhof, wo andere Freunde zuhause waren. Selten ging es an einem solchen Abend nicht lustig zu, jemand erzählte auch eine mehr oder weniger gruselige Geschichte; die Frauen saßen am Spinnrad oder strickten. Das Klappern der Nadeln ging meistens im Gelächter der Jungen unter. Der neueste Witz erreichte auch das hinterste Gehöft. Denn es kamen damals immer wieder Fremde auf den Hof, entweder als Arbeitsuchende oder als Hausierer, ihre Neuigkeiten wurden bei so einem Lichtgang in eine gewisse Fidelität verwandelt, so wurde nicht nur Leinen gesponnen, sondern Geplauder und Konversationen zu lustigem Kurzweil getrieben. Nicht zu jeder Einladung bekam Magdalena Ausgehbewilligung. Nicht einmal nach ihrem 21. Geburtstag. Man hatte sie aber jedesmal vermißt, weil nämlich kein anderes Mädchen eine solch schöne Sopranstimme hatte wie sie. Einen Gesangverein gab es weit und breit nicht. Einem aber ging es ganz nahe, wenn Magdalena zuhause festgehalten wurde, dem Schlosser-Schorsch. Er hatte schon lange ein Auge auf sie geworfen gehabt. Auf dem Heimweg von solch einer fröhlichen Zerstreuung gestanden sie sich schließlich die "heimliche Liebe". Daß es so und nicht anders kommen konnte, war dem Mädchen klar.

Als der Frühling ins Land zog, wurden die "Lichtgänge" eingestellt. Die Verbindung zwischen dem Städtchen und seiner Umgebung wurde indes an Markttagen aufrechterhalten, zwischen den Jungen beim Markttanz. Aber Tanzen, nein, das war vorneweg für Magdalena von Haus aus verboten. Das verführe nur zum Dummheitenmachen, meinte der Vater. Die Mutter wagte beim Wunsch der Tochter um ein wenig Amüsement keinen Einwand. Schorsch und Magdalena war selten genug ein verliebter Blick gegönnt, wenn sie sich zufällig beide am Stadtbrunnen einfanden.

Im Frühsommer wurde es Magdalena zur Gewißheit, daß ihre häufige Ermüdung nicht allein von Überanstrengung im Haus und im Garten herrührten. Doch ehe sie wieder einmal mit dem Schorsch reden konnte, hatte er einem Einberufungsbefehl des württembergischen Königs Folge leisten müssen. Wohl war die Kunde, daß einige Männer aus dem Städtchen Soldat werden mußten, auch zu der unglücklichen Magdalena gelangt. Napoleon hatte aber keine Zeit; die Württemberger wurden in Stuttgart zusammengestellt und nach Rußland geschickt. Für Magdalena und Schorsch gab es kein Abschiednehmen.

Das Mädchen bekam ein Kind, die Anzeichen trügten nicht... Schließlich war der Zustand auch vor dem Vater nicht mehr geheimzuhalten. Er war außer sich. Und unverhohlen zeigte er ihr die Tür...

Ein Bauer, der sein Gefährt mit Feldfrüchten beladen, in die nächstgrößere Stadt steuerte, fühlte Erbarmen mit dem flüchtenden Mädchen.

In der nächsten Morgenfrühe hatte es mit einem Bündel das Elternhaus verlassen. Es blieb keine Wahl. Der gute Mann gab aber einen Hoffnungsschimmer durch seine Bereitschaft, es mitzunehmen. Schon im nächsten Kramladen bekam Magdalena einen Unterschlupf. Das war ein Glück! Die Krämerin erwartete ihr zwölftes Kind. Vier davon hatte sie in vorangegangenen Jahren durch Halsbräune verloren. Nach vier Wochen kam das Krämerkind zur Welt, Magdalena wurde die unentbehrliche Helferin der Frau. "So ein

Glück, daß du mir hilfst". Auch der Mann, der als Holzhauer zum Haushalt Geld verdiente, fand nur gute Worte für das junge Mädchen. Als die schwere Stunde herangekommen war, ließ man es im Krämerhaus an nichts fehlen. Das Kind von Schorsch und Magdalena kam gesund zur Welt.

Ihr junger Mann, Magdalena erfuhr es durch Zufall im Krämerladen, war einer von 20 000, die über Napoleon vom württembergischen König angefordert worden waren. Nur ein paar hundert schwäbische Soldaten konnten gesund aus Rußland heimkehren. Schorsch dagegen wurde schwerverwundet in ein elsäßisches Lazarett eingeliefert. Dort siechte er dahin, ohne ein Lebenszeichen absenden zu können. Allein seinen Eltern wurde eines Tages mitgeteilt, daß ihr Sohn Georg nach seinen schweren Verletzungen verstorben sei. Das war ein harter Schlag für Magdalena. Sie hatte erst viel später von einer Freundin im Städtchen davon erfahren.

Nie hatte ihr Vater nach ihr gesucht. Für ihn blieb das Kind und Magdalena die große Familienschande, die nach seiner Ansicht unverzeihlich war. Dagegen wurde der kleine Ulrich das Glück seiner Mutter. Sie liebte ihn umsomehr, nachdem ihr bewußt geworden, daß das Elternhaus ihr für alle Zeiten verschlossen bleiben würde.

Magdalena hatte die Hoffnung auf Versöhnung schon bald aufgegeben. Sie kannte ihren Vater. Als er, so wurde ihr berichtet, von der Ankunft des Sohnes seiner Ältesten erfahren, habe er tagelang fast keinen Bissen angerührt. Seine Frau habe vergeblich versucht, ihn umzustimmen. Außerdem habe er ihr verboten, Kontakt mit der Tochter aufzunehmen. Diese sei für ihn gestorben. Wenn er nachgebe und sie bitte, mit dem Enkel heimzukehren, habe er seinen guten Ruf verloren. Außerdem könne er sich dann nicht mehr in der "Stunde" und in der Kirche blicken lassen. Wo er doch als ehrenhafter Bürger seiner Stadt angesehen werde.

Mit der Verachtung vom eigenen Vater wuchs der Stolz der jungen Mutter. Daher hatte sie lange nicht daran gedacht, die Existenz des Enkelsohnes Schorsch's Eltern mitzuteilen. Erst auf Umwegen hatten diese vom inzwischen zweijährig gewordenen Ulrich erfahren. Daraufhin setzten sich die alten Leute mit Magdalena in Verbindung. So kam es dazu: Was von Magdalenas Vater verwünscht, gereichte zum Glück von Schorsch's einsamen Eltern. Jener war nämlich ihr einziges Kind gewesen. Nun, da er durch seinen Soldatentod von ihnen genommen, wollten sie freudig sein Kind aufnehmen. Sie konnten es kaum erwarten, es zu sehen. Dieses Glück setzten sie vollständig über jedwedes eventuelle Gerede. Sie wollten auch gerne Magdalena Heimat bieten. Sie aber schlug diesen Vorschlag glattweg ab.

Unter den fröhlichen Menschen des Mittelrheins bekam das Mädchen aus dem schwarzen Wald wieder neuen Lebensmut. In der Nähe von Bingen hatte sie eine gute Stellung bekommen. Dort, wo ein Weinörtchen sich an das andere rankt, machte man aus ihrer Situation überhaupt kein Trauerspiel. Auf einer Anhöhe im Bereich des Schiefergebirges lag das kleine Schloß des Grafen. Dazu gehörte eine große Landwirtschaft und eine ganze Reihe Personal. Magdalena stieg binnen kurzem vom Stubenmädchen zur Wirtschafterin empor. Die Gräfin sorgte dafür, daß die junge Frau nicht nur für die weitläufigen Aufgaben und für ihr Kind lebte. In einem kleinen Kreis junger Leute wollte sie Magdalena aufgenommen wissen. Und so kam es, daß sie mitunter zwischen den arbeitsreichen Wochentagen von der rheinischen Heiterkeit angesteckt wurde. Während ihrer Ausgehzeit kam Ulrich in die Obhut der Tochter des Verwalters.

Das Kind war niemand zur Last. Der Dreijährige plauderte munter den Dialekt der Bingener, bei jeder Gelegenheit stellte er ein Dutzend Fragen. Wenn er sich unversehens einmal aus dem Wirtschaftsgebäude entfernt hatte, entschlüpfte er zu den Ställen.

Nachdem aus dem Schwarzwald mehrere Briefe ins rheinische Schlößchen gekommen waren, wußte Magdalena, daß sie einen angesagten Besuch keineswegs abschlagen durfte. Die Großeltern konnten es nicht mehr erwarten, den Enkel zu sehen, zu erleben.

Eines Abends im Mai, traf eine Droschke am Rhein ein. Zwei Tage wollten die Schwarzwälder bleiben. Die Gräfin wollte sie zum Längerbleiben überreden. Doch gedachten sie deren Gastfreundschaft nicht zu überziehen. Ulrich und seine Großeltern hatten sich gegenseitig ins Herz geschlossen. er solle bald zu ihnen kommen, war der Wunsch der wieder heimwärts Fahrenden. Magdalena bangte es davor. Sie mochte das Kind nicht vermissen. Andererseits wollte sie ihm auch nicht den Weg in die Zukunft verbauen. Schließlich war vereinbart worden, daß Ulrich noch vor dem ersten Schuljahr zu den Großeltern kommen sollte. Es war ein Glück, daß er bislang täglich mit vielen Leuten zusammengekommen, also kein Muttersöhnchen war. So sah die Mutter dem Abschied vom Kind ohne wesentliche Sorge entgegen. Es war ja schon sehr vernünftig. Und sie war von der Sorgfalt und der Liebe der jetzt glücklichen Leute überzeugt. Sie versprachen, dem Buben einen öfteren Besuch bei der Mutter zu ermöglichen. Und jene haben ihr Versprechen gehalten. Ulrich hatte sich bald an die anderen Verhältnisse gewöhnt, er war sehr anpassungsfähig. Die Schule in der Heimatstadt seines verstorbenen Vaters machte ihm Freude. Er war lernbegierig und hatte bald eine Menge Spielkameraden. Das Haus, mitten im Städtchen, war nur ein paar Schritte vom Schulhaus entfernt.

Im fernen Schloß am Rhein lag eine junge Mutter schlaflos in ihrer Kammer, das leere Kinderbett neben sich. "Hätte ich doch nicht nachgegeben", so machte sie sich Vorwürfe. Die Realität, daß es um des Kindes Zukunft willen doch richtig war, hatte in der Dunkelheit das geringste Gewicht in ihrer Gedankenwelt. Tagsüber bemühte sie sich, nichts von ihrem Kummer anmerken zu lassen. Ihre "Herrschaft" war indes feinfühlig genug, sich um den phsychischen Zustand der hochgeschätzten Mitarbeiterin Sorgen zu machen.

Auch wiederholte Berichte aus dem Städtchen mit Sätzen wie "der Ulrich fühlt sich sehr wohl, er hat neues Leben zu uns gebracht. Wir danken dir, liebe Magdalena!", gereichten ihr nicht zum Trost. Im Gegenteil, das Selbstmitleid wurde noch stärker. "Sie hat die Nerven verloren" klagte eines Tages die Gräfin ihrem Mann. Magdalena war unfähig, vom Bett aufzustehen, es war, als ob jeder Muskel in ihr erlahmt worden wäre. Ein aus der größeren Stadt herbeigerufener Arzt bat die Mitglieder des gräflichen Haushalts um Geduld. "Ich hoffe, daß sie die Krise übersteht". Damit fuhr er ab, kam aber schon am nächsten Tag wieder und blieb eine ganze Woche lang am Krankenbett. Es wurde ihm derweil ein Zimmer zugewiesen, damit es Magdalena an nichts fehlen sollte. Mit allerlei Kräutern versuchte der Arzt, dem bösen Fieber beizukommen. Und er hatte Erfolg. Wie von einer tiefen Ohnmacht erwacht, kam langsam Leben in die junge Frau zurück.

Zuerst die Erniedrigung durch einen unversöhnlichen Vater, und dann die Entsagung, wenn auch reichlich überlegt, waren doch sehr harte Brocken, die nur schwer zu verdauen waren.

Als sie den Genesungsprozeß noch nicht völlig hinter sich gelassen hatte, kam wieder einmal ein wandernder Handelsgeselle auf die kleine Anhöhe. Er hatte Schwarzwälder Uhren zu verkaufen. Magdalena, die mit ihrer Herrin auf der Veranda milde Sonnenstrahlen genoß, war ruckartig vom Anblick des jungen Mannes fasziniert. Nicht aber wegen seiner Person, vielmehr riefen seine Angebote, die mehrfach auf seinem Rücken baumelten, ihre Aufmerksamkeit hervor. Wo hatte sie zuletzt einen solchen Zeitmesser erlebt? – "Das war vor langer Zeit daheim in meines Vaters guten Stube". Diese Erinnerung schien ihren noch angegriffenen Zustand fast umzuwerfen. Aber Trotz und Stolz siegten. Das Vaterhaus sollte ja vergessen bleiben. An dessen Stelle stellte sie den jungen Ulrich. Und sie faßte sich ein Herz zu fragen: "Kommt Ihr öfters in das Städtchen, das von einer stolzen Burg überragt ist, in Eurer Nähe im Nordschwarzwald?"

Der Geselle bejahte "in fast jedem ordentlichen Haus hängt dort mindestens eine Uhr von meines Meisters großer Auswahl". Er wurde nach dem Marktplatz gefragt, wo die Schlosserleute wohnten und ein Geschäft betrieben. "Noch gar nicht lange ist es her, da wurde ich von einer Rotte kleinerer Jungen angehalten. Sie wollten unbedingt den Kuckuck, wenn er die Stunden ruft, an einer meiner Wanduhren sehen. Ein Bub namens Ulrich, war der Keckste. Er ließ mir keine Ruhe, bis ich eine bestimmte Uhr von der Schulter nahm. Mein Meister hat dann später eine ähnliche Uhr an seine Großeltern verkauft." Diese Begegnung half Magdalena unversehens zur völligen Genesung. Die Gräfin hatte schon das Gegenteil befürchtet. Jene aber vergaß durch die lebhafte Schilderung des Uhrmachergesellen das bisherige Selbstmitleid. Von einem Fremden die gute Entwicklung des hergegebenen Sohnes zu erfahren, war Medizin, die ihr zur vollständigen Genesung am Nächsten kam. Ulrich brauchte nun nicht länger auf ein Lebenszeichen seiner Mutter warten, die Briefe zwischen Rhein und Schwarzwald gingen hin und her.

Zu den ersten Schulferien begleitete der Großvater seinen Enkel an den Rhein. In den Folgejahren war er so selbständig geworden, daß er allein dorthin reisen konnte, und ohne Schwierigkeiten wieder heimfand. Das Reiten machte dem Jungen Spaß. Er hatte sich zwar mittlerweile dem Dialekt nach in einen Schwaben verwandelt. Wenn er darob geneckt wurde, konterte er gewitzt und schlagfertig bei seinen rheinischen Kameraden.

"Du würdest mir einen großen Gefallen tun" schrieb Elsbeth Dippelsauer in einem Brief an ihre um wenige Jahre ältere Schwester, "wenn du mir in deiner Nähe eine Stellung besorgen könntest". Elsbeth war ein äußerlich hellerer Typ als Magdalena; deren Verhältnis zur älteren Schwester war früher nicht gerade gut, aber auch nicht schlecht. Daß sie seinerzeit Magdalena nicht beigestanden hatte, den Vater umzustimmen, hatte ihr Magdalena längst vergeben. Als der Brief ankam, war gerade die Stelle einer Küchenhilfe frei, und so kam Elsbeth ins Rheinland.

Bald begann jedoch Elsbeth die Stellung ihrer Schwester auszunützen. Sie drückte sich nicht nur bei jeder Gelegenheit vor einer größeren Arbeit. Mit der dicken Berta, die während Magdalenas Krankheit von deren Aufgaben zu übernehmen gehabt hatte, freundete sie sich an. Der Beherrscherin der Gutsküche war die angesehe Wirtschafterin schon längst ein Dorn im Auge. "Unsereins ist noch nie von der Gnädigen hereingebeten worden. Deine Schwester hat sich buchstäblich bei den Herrschaften eingeschmeichelt." Einer solchen Information hätte Elsbeth freilich anders gegenüberstehen müssen, als ihr in den Sinn kam. Sie begann emsig Vergleiche zu ziehen: ihre und der Köchin Stellng. So hatte die neidische Berta eine Gesellin gefunden. Es fiel Magdalena lange Zeit nicht auf, wie deren beider Köpfe auseinanderfuhren, wenn sie das Küchenrevier betrat. Beide aber hätten allen Grund gehabt, Magdalena in ihrer Stellung zu achten und eigentlich dankbar zu sein. Die Berta wurde einst aufgenommen, nachdem Magdalena für sie beim Grafen ein gutes Wort eingelegt hatte. Die Dicke war zuvor nämlich aus einer Stelle geflogen, wo sie des Knechtes Lohn aus dessen

Tasche gestohlen hatte. Magdalena hatte sie vorgejammert, sie hätte es wegen der Armut in ihrem Elternhaus getan. Das Versprechen, nie wieder mit langen Fingern zu arbeiten, hatte Berta in der Zwischenzeit eingehalten, dafür trat jetzt eine andere Boshaftigkeit, der Neid, in den Vordergrund.

An einem lauen Sommerabend lernten sich Magdalena und Ottfried kennen. Er war bei einem Ausritt mit anderen Offizieren so unglücklich vom Pferd gestürzt, daß er lange Zeit nicht über die Schwelle seiner Wohnung kam. Nun wollte er sich auf Einladung seiner Verwandten bei ihnen erholen. Die beiden jungen Leute, Ottfried und Magdalena hatten bald füreinander Feuer gefangen. Er hatte erst vor kurzem eine Verlobung hinter sich gebracht. Seine Braut rückte von ihm ab, als ihm ein Fuß abgenommen werden mußte. "Ich weiß jetzt, daß du mich nicht im Stich gelassen hättest" wiederholte er manchmal und bei nächster Gelegenheit bestätigte dies auch seine Tante. Es folgten Wochen voll inniger Erlebnisse.

Währenddessen hatte Magdalena manchmal die Anwesenheit ihrer Schwester vollständig vergessen. Diese war zwar durch die Freundschaft mit der dicken Berta feiertags in Beschlag genommen. Zum Tanzen jedoch, das war sich Elsbeth bewußt, durfte sie nicht in deren Begleitung sein. Unbeholfen und ungepflegt wie die Dicke nun einmal war, wollte sie nicht mit ihr im nahen Weinort einkehren. Magdalena erbot sich mitzugehen. Doch häufiger als die jüngere Schwester flog sie von einem Tänzer zum anderen. Sie war also auch hier geachtet und beliebt, obwohl sie selten genug zu Gast gewesen. Es war ein fröhlicher Abend geworden. Elsbeth ging indes mißmutig an ihrer Seite heimwärts. "Was ist dir denn übers Leberle gelaufen?" fragte Magdalena anderntags ihre Schwester. "Du brauchst noch fragen, wo du mir alle Tänzer weggeschnappt hast". Die Antwort war auch der dicken Berta nicht entgangen.

Ottfrieds Abwesenheit zog sich länger hin als erwartet. Er mußte sich noch einmal in ärztliche Behandlung begeben. Die Briefe, anfangs häufig hin und her, gingen von Ottfrieds Seite auf einmal gar nicht mehr ein. Magdalena aber wußte von seiner Tante, daß seine Besserung schnelle Fortschritte machte. "Warum schreibt er nicht, warum kommt er nicht?" So sinnierte Magdalena. Ihren Kummer trug sie anfangs still mit sich herum, bis sie sich der Gräfin auf deren Einladung mitteilen konnte. Diese war zunächst gleichfalls ratlos über das Schweigen des Neffen. Dann aber ließ sie kurzerhand einspannen, um den Neffen zu besuchen. Er war überrascht und zugleich verlegen, seine Tante schon am Vormittag bei sich zu sehen. Auf ihre direkte Frage, weswegen er sich womöglich mit Magdalena überworfen, zeigte er ihr einen Brief mit ungelenken Buchstaben. Aber deutlich genug: "Ihre Magdalena hat einen Schatz, sie tanzt wie wütend mit einem feurigen Winzersburschen. Nur damit sie es auch wissen." Der Brief war ohne Absender. Magdalena war zutiefst betroffen. Nur dies eine Mal war sie mit ihrer Schwester beim Tanz, und doch nur um deretwillen. Sie drehte das Schreiben, das ihr die Gräfin überlassen hatte, nach allen Seiten herum. "Wer war der Verfasser?" Daß ihre eigene Schwester im Spiel sein könnte, schloß sie völlig aus. "Könnte es die dicke Berta gewesen sein? Was will sie dann damit bezwecken?" Mit Vorsicht ging Magdalena an die Suche.

Die Gegenüberstellung von Elsbeths damaligem Brief mit der Bitte um Einstellung brachte Klarheit. Die Buchstaben waren etwas verstellt. Das anfängliche Leugnen der Schwester, sie erkannte es, half nichts. Die Adresse des Offiziers habe ihr Berta besorgt. Denn jene habe sie bei der Gnädigen gestohlen. "Wo die Berta doch auch ein Interesse daran gehabt hat", denunzierte die Schwester. Daß die Aufklärung durch den "zündenden Funken" so umgehend hergestellt werden konnte, befriedigte.

Die Gräfin wollte Elsbeth geschont sehen. Aber für Magdalena war es zuviel, was ihr vom Elternhaus abverlangt würde. Gut, der Neidhammel konnte so lange bleiben, bis eine andere Stellung gefunden war. Der dicken Berta wurde sofort gekündigt, von einer solchen Person wollte keiner mehr das Essen bereitet haben. Schließlich waren Berta und Elsbeth bereits vom Hof weg, als Ottfried von der Stadt zurückkam. Die Ältere bekam eine Stellung als Stallmagd, die Schwäbin als Schafhirtin auf einer entfernten Hofstelle. Die Gräfin hatte vermittelt.

Inzwischen hatte ihr Neffe aus Familienpapieren entnommen, daß sein Vater seinerzeit bei der Schlacht Napoleons gegen Rußland gefallen war, als Kommandeur in einem Preußischen Regiment. Er sei in russischer Erde begraben worden, weil er vom Geschoß sofort tödlich getroffen worden sei.

Nun hatten Magdalena und Ottfried nicht nur die gegenseitige Liebe, ihre Zuneigung wurde zusätzlich durch gemeinsames Leid gefestigt.

Der alternde Graf hatte sich seit längerer Zeit nach einem Pächter umgesehen. Es kam immer wieder vor, daß es Schwierigkeiten mit den Angestellten gab, seine Frau und er wünschten sich allmählich Geruhsamkeit. Jetzt, nachdem die langjährige Stütze Magdalena eine gemeinsame Zukunft mit seinem Neffen aufbauen werde, da sagte er "die Zeit ist da". Zusammen mit Ottfried hatte er nach einem kleineren Besitztum Ausschau gehalten. Dies wurde am Oberrhein gefunden.

Der bevorstehenden Verheiratung des Neffen mit Magdalena stand, da Ottfried die Offizierslaufbahn wegen seiner Verletzung ohnedies zu verlassen gedachte, die Vorschrift zur adeligen Verbindung nicht mehr im Weg. Sie seien mitnichten der Stolpersteine in ihrem Leben überdrüssig, meinten die beiden.

Der seitherige Verwalter des gräflichen Gutes am Mittelrhein hatte sich unterdessen als künftiger Pachtherr angeboten. Das gräfliche Paar fand in unmittelbarer Nähe des Baron Ottfriedschen Landsitzes eine kleine Villa.

Die Aussicht, daß sie im süddeutschen Land ihren Sohn Ulrich öfter als bisher sehen konnte, erhöhte das Glück der Magdalena. Der junge Meister war schon in frühen Jahren in Fachkreisen gefragt, er arbeitete über längere Zeit hinweg auch in Sankt Blasien. An der dortigen Benediktiner-Abtei war ihm die Herstellung des Kuppelbaus übertragen worden. Erst nachdem er von seiner Großmutter nach dem Tod ihres Mannes heimgerufen wurde, konnte sich Ulrich entschließen, den Süden mit dem Norden des Schwarzwaldes einzutauschen. Der dort übernommene Handwerksbetrieb erfuhr dadurch eine fruchtbare Weiterentwicklung.

Speck und Lohe

Die letzten Sätze in der Erzählung waren eigentlich nur noch gelallt zu hören. Am frühen Morgen saß das Weible aus Sellbach schon am Kaffeetisch. Die Frau genoß es, mitten in einem großen Familienkreis zu sein. Sie und Vater bekamen gemischten Kaffee aufgebrüht, Mutter und Kinder aber schlürften die Morgensuppe. Gesellen und Lehrlinge kamen mit Riesentassen voll Kaffee an die Reihe, als das Butterweible gegangen war.

Pünktlich um neun Uhr wurde das Vesper in die Werkstatt getragen (das zweite Frühstück), den Lehrlingen ein kleineres, den Gesellen ein größeres Glas voll Apfelmost und dazu ein großes Stück Brot. Dies war noch in jenen Zeiten, als zum Abschluß des Abendessens Meister, Gesellen und Lehrlinge eingebrockte Milch aus e i n e r Schüssel löffelten, ebenso die Mutter und die Kinder. Während des Essens wurde von der Elternseite streng darauf geachtet: Kein Wort reden. Die einzige Abwechslung war, wenn der eine oder andere "Stift" vom zugeteilten Fleisch ein Stückle Speck in der Schürzentasche verschwinden ließ. Ich mußte mir dann immer ein schadenfrohes Grinsen verkneifen. Mir selbst konnte dies nicht passieren, weil die Kinder ja kaum Fleisch auf den Teller bekamen.

"Bei Sedan wohl auf den Höhen, bei Sedan in der Schlacht," so sangen wir Schulmädchen auf der Straße. Wir bildeten einen Reigen und sangen bei jeder Übung eine neue Strophe vom traurigen und vom tapferen Soldaten. Die Lies und die Kätter gaben den Ton an. Sommers wurde Lohmehl getrocknet, Eichenrinde, die man glitschnaß von den Gerbern geschenkt bekommen hatte. Winters diente das ausgetrocknete Produkt als Heizmaterial. Oft wurden wir Kinder in den einst noch nahen Wald geschickt, zum Sammeln von dünnen Ästen und Tannenzapfen.

Die Sammlerei liebte ich nicht besonders, weil ich ein schreckhaftes Kind war. Denn hinter jedem dicken Baumstamm lauerten oft ein paar Buben. Sie erschreckten uns Mädchen mit einem Mordsgeschrei. Dabei verstanden sie es, sich einen Platz zum gleichzeitigen Verschwinden auszusuchen. So konnte der Schreck wochenlang anhalten, weil sie so lange Zeit unerkannt geblieben waren. Die Buben lachten sich derweil ins Fäustchen, hatten sie uns doch dadurch den "Geisterglauben" eingebleut.

Hunger...Hunger

Das Geld war knapp, und das Essen erst recht. Großvater wollte, daß seine Gefolgschaft in der Werkstatt immer gut bei Futter blieb. Daher bekamen Gesellen und Lehrlinge des Abends manchmal zusätzlich der Kinder winzige Wurstrationen auf die Teller verteilt. Ich, die Große, schlich mich einmal, dann auch öfters zu vorbereiteten Abendbrottellern. Da schnitt ich eine Ecke vom Schwartenmagen ab, dort einen Streifen. Als es Mutter entdeckt hatte, gab es einen Backenstreich. Der war jeweils verschmerzbar. Aber als mich Großvater beim Schnipfeln erwischt hatte, bekam ich nachher den Hintern voll, mit dem Spannriemen. Und dazu wurde vorher die Tür zum Eßraum, wenn es Wurst für die Mannschaft gab, einfach verschlossen. Die Jungen grinsten sich eins. Einer unter ihnen nahm mich und meine Schwester an einem Sonntag mit in sein Dorf. Dort wurde uns von dessen Mutter ein fettes Wurstbrot vorgesetzt. Zum Ausgleich. Großvater gab uns zwar hintennach nur ungern seinen Segen dazu. Er wollte uns keinesfalls verwöhnt wissen.

Keinen Pfennig

Die Nachbarsmädchen entwickelten eine Idee, um zu heißersehntem Taschengeld zu gelangen. Die Lies war die treibende Kraft. Sie hatte unweit eine Waldecke ausgesucht, eine Art Rondell, das von kleinen Fichten umschlossen war. Darin sollte Schneewittchen aufgeführt werden. Der Eintrittspreis wurde auf zwei Pfennige festgesetzt. Kleine Buben und Mädchen hatte Lies als Zwerge verkleidet und sich selbst als wunderschönes Schneewittchen. Alle Nachbarskinder hatten sich auf das große Ereignis mächtig gefreut.

Als wir Kinder aber um die zwei Pfennige Eintrittsgeld nachgefragt hatten, gab es eine Absage, mütterlicher und großväterlicherseits. "Unter keinen Umständen". Weiter hieß es: "In solch schweren Zeiten wird nicht Theater gespielt. Ihr beiden bleibt zuhause." Alles Heulen half nichts. Und ich hatte den Spannriemen vom Wurststehlen noch nicht vergessen... Wir wurden derweil zuhause mit Holzaufräumen beschäftigt.

Es war noch in den unteren Schulklassen, als ich eine vor mir sitzende kleine Schwarzhaarige um ihre bunte Schwammdose beneidet hatte. Für den Tafelschwamm stand mir doch nur ein "Wichseschächtele" zur Verfügung, mit einem rostigen Deckel. Vor mir saß nicht nur die hübsche Schwarzgelockte, die in den Pausen dikke Wurstbrote aß. Die Schwammbüchse mit der roten Rose war für mich noch beneidenswerter. Von der gescheiten Lotte blieb mein begehrlicher Blick nicht unbemerkt. So versprach sie mir das Dösle, sobald sie zum nächsten Geburtstag ein neues erhalten würde. Das Mädchen hielt Wort. Freudestrahlend übergab es mir eines schönen Tages seine seitherige Utensilie. Glücklich präsentierte ich zuhause mein Geschenk, zuerst bei Mutter und Geschwistern, dann bei Großvater. Gerade bei diesem kam ich ganz schlecht an. "Du Angeberin, weißt du nicht, daß sich unsere Familie nichts schenken läßt! — Marsch, geh' dorthin, wo du den Firlefanz herhast, bring ihn wieder zurück." Eingedenk, daß in Großvaters Stube Widerreden zwecklos waren, drehte ich um. Er schaute zum Fenster hinaus, um sich zu überzeugen, ob ich in Richtung des Schwammbüchsles Herkunft ginge. Mit Unverständnis hatte man mich dort an der Glastür der Beamtenwohnung empfangen. Ich brachte vor lauter Tränen fast kein Wort heraus.

Neue Besen...

In meine Klasse war ein neues Mädchen gekommen. Aus Stuttgart sei sie mit Vater und Mutter hergezogen, sie saß gleich hinter mir. In der Pause stand sie so allein im Hof herum. Daher hatte ich sie für nachmittags zu uns nach Hause eingeladen. Ich wollte ihr meine wenigen Spielsachen zeigen, und meine ersten Bücher von Tony Schumacher und andere. Ich kam indes kaum dazu, weil meine kleinen Geschwister mich in Beschlag genommen hatten. Das Büble und das Nesthäkle schrien nach mir. Als die Stuttgarterin sich entfernt hatte, nahm mich meine Mutter beiseite und sagte streng: "Ein für allemal, wir haben genug Kinder und wenig Raum. Bring bitte niemand mehr mit!" Diese Ermahnung war schwer einzuhalten, denn ich hatte zuvor das Mädchen gebeten, doch so oft sie wolle, zu uns zu kommen. Auch gab es später immer wieder Neuzugänge, die näher kennenzulernen mich reizte. Überhaupt wenn sie von einer größeren Stadt wie zum Beispiel Stuttgart oder anderswo hergezogen waren. Ich hielt mich dafür in den Pausen schadlos. Fragte sie aus nach ihrer Familie und welche Mädchenbücher sie bisher besitzen. Und natürlich wie es in der großen Stadt aussähe. Zu manchen wurde ich eingeladen, nur so halt, zu einem Apfel und einem Gesälzbrot. Da war ich selig.

Aufschnappen

Nach Kriegsende, und nach Vaters Lazarettaufenthalt zog sich Großvater von seinem "Regierungsstuhl" zurück. Es war ihm eigentlich nicht schwergefallen. Er hatte manchmal doch noch mehr als seine Pflicht getan. Und Mutter war erst recht darüber froh. Vaters Erzähltalent ließ indes zu wünschen übrig. Er schwieg sich über seine Kriegserlebnisse bei mir fast völlig aus. Ich war so ganz aufs Aufschnappen angewiesen, hinter verschlossener Tür. Und so kam es, daß mir gelegentlich ein Wort entgangen war. Das von Vater Erzählte hatte eine andere, eine unrichtige Bedeutung bekommen. Und ich schlug mich oft wochenlang damit herum. Bis ich es nicht mehr aushielt und mich an Mutter wandte. Sie riet mir dann, doch endlich mit dem "Spionieren" aufzuhören. Sie wolle mir dann lieber unter vier Augen von dem Erfahrenen, soweit es für mein Alter passe, weiter erzählen.

Es war alles anders geworden, seit Vater wieder zuhause war. Da kam der Metzger zum Schlachten eines kleinen Schweins ins Haus. Dieser Hansjörg wußte massenhaft Geschichten zu erzählen. Einmal wurde ihm meine Fragerei zu dumm, weil er ein falsches Gewürz für die Blutwürste erwischt hatte. Am Abend danach kam der Hausmetzger zum Abrechnen ins Haus. Bei einem Glas Most sprudelte von ihm die nachstehende Geschichte vom Blitzstrahl im Jägerhaus heraus. Seine Großmutter hat sie sich früher beim Wasserholen am Brunnen gemerkt und ihm weitererzählt. Zwischendurch ließ sich der Hansjörg noch einen Schnaps einschenken.

Es muß schon lange Zeit zurückliegen. In manchem Sommer wurde die Geschichte beim Wasserholen am Marktbrunnen aufgewärmt. Das Mariele vom Jägerhaus war zuvor am Kindbettfieber gestorben. Der einsame Bewohner des mit einem Hirschgeweih verzierten Jägerhauses hatte sich das Fluchen beim Eintritt angewöhnt. Der Jäger wartete einmal untätig auf den Abgang eines schweren Gewitters, neben der Wiege seines schlafenden Jüngsten. Nachdem er geschwind über des Hauses Schwelle in seiner

Ungeduld getreten war, traf hinter ihm ein Blitzschlag den Nagel an der Dachspitze, woran das Geweih befestigt war. Die Gewehre an der Wand waren auf einmal entsichert. Sie hüllten den von dem Mann soeben verlassenen Raum in dicke Schwaden. Der Blitzstrahl muß sich auf beiden Dachseiten in mehrere Arme geteilt haben. Wahrscheinlich durch die kleinen Löcher einer Büchsenkugel. Der Schlußstein des Kellergewölbes wurde zermalmt, durch diese Öffnung fuhren die Strahlen in die Tiefe. Des Vaters Stuhl, wo er zuvor gesessen, war auch zertrümmert. Dicht daneben aber schlief das unversehrte Kind. Es soll im Schlaf gelächelt haben.

Die Leute vom Wald hatten behauptet, es müßten diesmal die Engel, nicht wie sonst die Räuber, am Werk gewesen sein.

Die Geldentwertung, seit Kriegsende immer schleichender geworden, berührte uns Kinder kaum. Unsere Mägen waren keine Plagegeister mehr. Denn seit Vaters Heimkehr war dafür gesorgt. Die Revolutionen in den Großstädten erreichten unseren Landstrich ebensowenig. Nach den Hungerjahren brauchten wir Kinder nicht mehr der anderen belegte Brote zu neiden. Und Vater drückte meistens ein Auge zu, wenn am versteckten Zuckerhut geknappert war.

Brillenglotzere

Die Fahrten zum Augenarzt nach Stuttgart waren für mich unvergessliche Abwechslungen. Zweimal umsteigen bedeutete ein Vergnügen. Vielleicht weniger für Vater. Eines Tages mußten wir dreimal von einem Zug zum anderen, bis wir endlich daheim im Städtle waren. Nämlich, da hatte Papa einmal über einem Glas Bier im Wartesaal eines kleinen Bahnhofs den Anschluß verpasst. So konnte er gar nicht verstehen, daß ich mich auch noch darüber gefreut habe. Denn wir konnten an diesem Tag einfach nicht mehr weiterfahren und mußten in der Bahnhofsgaststätte übernachten.

In den Schulpausen scharten sich jeweils nach solchen Hauptstadtreisen die anderen Mädchen um mich herum. Denn für die Straßenbahn interessierten sie sich, ebenso für die Riesen-Drehscheibe zur Orientierung der Strecken im Bahnhof selbst. Meiner Nebensitzerin wurden die Sensationsberichte eines Tages zu viel. Sie stellte sich auf die oberste Schulhaustreppe und schrie über alle Köpfe hinweg: "Hör auf! hör auf, kannst no so oft mit deim Vater noch Stuagert fahra, Du bisch ond bleibsch a Brillaglotzere, Du!"

Stinkendes Elend

Die Käs-Katree kam mindestens dreimal im Jahr ins Haus. Sie hatte zwei Kinder und einen Mann, der Tagelöhner war. Der hatte sich tageweise bei den Handwerkern verdingt, bei den Gerbern, bei den Fuhrleuten oder für Waldarbeiten bei der Stadt. Manchmal mußte er einen ganzen Tag lang seinen Rausch ausschlafen. Da kam zuweilen sein Weib mit verheulten Augen zu uns. Sie suchte ihr Gesicht mit einem großen Tuch zu verdecken. Das war auch gut für ihr Geschäft. Sie leerte nämlich die Güllengrube. Das große von Käs-Katree und einem Lehrling gefüllte Brühfaß wurde von Pferd und Fuhrmann den Berg hinauf, zu Beerensträuchern und Obstbäumen gezogen. Die Frau entleerte die kostbare Flüssigkeit, Eimer für Eimer. Gelegentlich trug sie die Käs-Katree einzeln auf dem Kopf einen steilen Holperweg hinauf, wenn die Grube zum Überlaufen und gerade kein Fuhrmann greifbar war.

Zum Vesper wurde ihr Backsteinkäse oder Schwartenmagen vorgesetzt. Sie saß meist ganz allein am Küchentisch, weil sie ja so arg stank. Wenn ich mich dann für ein Weilchen zu ihr setzte, sah ich ein paar Lachfalten in ihrem schon früh zerknitterten Gesicht. Über andere Leute sprach sie nie. Wahrscheinlich weil ihr die eigenen Verhältnisse zuwider genug waren. — Eines schönen Tages warteten wir umsonst auf die Katree. Der Güllewagen stand bereit und sie kam nicht. Wie erschrak ich, als ich um nachzufragen, die Katree unbeweglich auf einer Pritsche liegen sah, weiß und starr. Der Bub und das Mädchen weinten bitterlich. Wo ist Euer Vater? frug ich. "In der Sonne" war zu erfahren. Vor unserem Haus wartete noch immer der Güllewagen. Ich band mir eine alte Schürze um und versuchte die Katree zu vertreten. Die Nachfolgerin der guten Frau, die nun vertorben, arbeitete im Schneckentempo, und aß wie ein Scheunendrescher. Sie verhielt sich so patzig, daß es sich keineswegs lohnte, ihr beim Vespern Unterhaltung zu leisten. Auch die anderthalb Jahre jüngere Schwester hatte keine Lust dazu.

Sie strolchte stattdessen mit einer Bubenschar in einem abenteuerlichen Stadtgraben herum. Als es jeweils Essenszeit war, um sie heimzurufen, war sie oft genug unauffindbar. Mein mehrmaliger Ausruf "Lenele" drang schließlich wie ein Notschrei in das winzige kleine Haus am Bach. Auf einen Zuruf von dorther war ich mit ein paar Sätzen in der Stube drin. Dort saß die Gesuchte inmitten ihrer Gespielen, zehn Kinder wie die Orgelpfeifen an einem langen Tisch. Erst als ich ihr versicherte, daß es daheim ohne Prügel abginge, folgte mir das "Gassenkind".

Es ging tatsächlich diesmal sogar ohne Ohrfeige ab. Nicht nur weil sich Lenele besonders nett entschuldigte, vielmehr weil der Paule und das Butschle — das Hedele — in tiefem Schlaf lagen und die Eltern mit einer Heulerei das Aufgewecktwerden der beiden Kleinen vermeiden wollten. Später vergaß das Mädchen Lene nur noch an einem einzigen Tag zuhause das Abendessen. Es war sein Geburtstag. Vor dem Schulgang war er vergessen worden, und nachher dachte keiner mehr daran, weil das Geburtstagskind nach den Schulaufgaben wieder "auf der Schwanze" war. Aber das gebackene Ei war ihm dennoch gewiß.

Frohe Erwartung

Es war Heidelbeerzeit, und die Palästinatante wurde bei uns daheim erwartet. Sie sollte mit dem Zügle ankommen. In der Zwischenzeit wurden wir beiden größeren Mädchen mit zwei Lehrbuben zum Heidelbeerensammeln in einen Wald geschickt. Dort fühlte sich Lene immer besonders wohl. Überhaupt wenn uns das Glück der guten Ernte hold war. Mag sie sich daheim von aufgehalsten Aufträgen noch so gerne gedrückt haben, im Beerenwald war dieses Mädchen geradezu ehrgeizig. Beim Pflücken übertraf sie jeden Beteiligten an Geschwindigkeit.Allzugern überließ ich Lene die Oberleitung. Auf ihr Geheiß wurde pausiert, aber erst, wenn ringsum keine blaue Frucht mehr zu entdecken war. Dann rückte sie aus der Schürzentasche mit dem "Schwarzen Peter" heraus.

An jenem Tag der erwarteten Heimkehr der Tante aus dem Nahen Osten blieben die Karten unangetastet, wir schwatzten und mutmaßten über die Tante. Das Thema bewegte sich von deren Kleidung bis hin zum vermuteten Präsent für uns eitle Mädchen. Falls sie uns Schmuck verleihen würde, hätte sicher der Großvater etwas dagegen. Denn "vergiß nie, wo du herkommst" so war seine Ermahnung. Und dazu gehörte nach seiner Meinung auch der Verzicht von Schmuck für uns Handwerkersleute.

Als wir vom Wald mit den vollen Beerenkörben zurückgekommen, war Tante bereits vom Bahnhof abgeholt. Sie trug ein hellbeiges langes Kleid. Mit diesem ging sie später in warmer Jahreszeit immer zur Kirche. Deswegen hatte ich sie auch gleich ins Herz geschlossen: eine mutige alte Dame, die nie ohne Hut ausging. Wir bekamen unseren Schmuck, Broschen und Ketten aus Perlmutt. Jedes Geschenkpäckchen wurde mit Umarmung und Kuß überreicht, erstmalig in unserem Vaterhaus erlebte Szenen. Ausgenommen das Abschiednehmen, wenn einstmals Vater vom Soldatenurlaub wieder in den Krieg zog.

Betglockläuten

Als Großvater seinen Hocker in der Werkstatt nur noch wenige Stunden am Tag benützte, genoß er von nun an mit seiner geliebten Palästina-Schwester einen beschaulicheren Lebensabend. Seine Enkel jedoch wollte er beim Betglockläuten um sich geschart wissen. Stehend sprachen wir dann mit ihm in der niederen Stube: "Ach bleib bei uns, Herr Jesu Christ — dieweil es Abend worden ist — dein göttlich Wort, das helle Licht, laß ja bei uns auslöschen nicht".

Anschließend machte der große alte Mann darauf aufmerksam, wie Hochmut vor dem Fall kommt. An einem Beispiel nämlich zitierte er einen Vorfall von den Neureichen. Da habe so ein "Raufgekommener" ein Fabrikle hingestellt, und viele Leute hergeholt. Nach einem Jahr habe jener den Konkurs anmelden müssen, weil "er zu hoch hinaus gewollt hat". -Nach Amerika habe ein Vater seinen Sohn und nach diesem einen anderen, der ein Tunichtgut geworden, nachgeschickt. Der alte Vater habe jetzt sein Haus, das noch von dessen Großvater stammte, verkaufen müssen, um die Überfahrt der Brüder, der "Versoffenen", bezahlen zu können. "So kanns geha, wenns oem z'wohl wird" meinte mein Großvater.

Nachbars Ähne

Zu den unvergeßlichen Gestalten meiner frühen Jugend gehört die von Nachbars Ähne. Sie war zwar immer leicht gebeugt. Aus seinem Gesicht blickten zwei blau-graue Augen, und rundum hatte er unzählige Lachfältchen. Vom Fenster aus konnte er die in den Wirtshäusern ein- und ausgehenden Fuhrleute beobachten. "O, die arme Dierle", er meinte damit das Gespann von Pferden und Ochsen. "Jetzet isch der Jakob scho über zwoe Schtond em "Hirsch" dren, mir duat blos sei Weib leid, wenn sie nochher beim Hoemkomma Prügel kriagt." So jammerte er, wenn ihm die Zeit lang wurde und er sich jemand vom Fenster aus mitteilen konnte. Seine Leute waren von Frühjahr bis zum Herbst auf dem Berg. Dort oben hatten sie ihre Äcker. Der Ähne war ein gutmütiger Mensch, mit einem geradezu alterslosen Gesicht. Über eine Unterhaltung vergaß er zuweilen die Gicht in den Beinen. Er hatte ein goldenes Gemüt, war schon glücklich, wenn ihn das Muhen aus dem Stall daran erinnerte, daß er nicht allein im Haus war. Er machte manchmal auch tagsüber sein Schläfchen. Aber an einem Abend, als die andern vom Berg heimkehrten, fehlte seine Begrüßung. Er war für immer eingeschlafen. Als man des Ähnes Sarg aus dem Nachbarhaus trug, verkroch ich mich auf die oberste Bühne, und weinte über den Verlust. Nach etwa einer Stunde, als meine Schwester mit ihrer roten Schürze und der gleichfarbigen Haarmasche vom Begräbnis zurückkam — sie ließ keines aus — rüttelte sie an meiner Schulter. "Heul' doch nemme, s'Nochbars Ähne isch jetzet em Hemmel." Das wollte sie von der Kirchhofsmauer aus als Zaungast aufgeschnappt haben. So war ich für diesmal getröstet.

Bald danach starb eine Mitschülerin von der Töchterschule. Sie hatte mir oft im Problemfach Rechnen geholfen. "Schwindsucht" hieß ihre Krankheit. Ich war kaum fähig, mich bei der Beerdigung in den Zug der Mitschülerinnen einzureihen, schluchzte in einem fort. "Mußt lerna, dich endlich zua beherrscha", sagte nachher meine mich beobachtende Mutter. Es war leichter gesagt, als getan.

Hopp — Hopp

Sein Kopf war viel zu groß für seinen schmächtigen Körper, man sah ihn selten lachen. Er war ein Jahr älter als ich, an seinem Schulranzen trug er sichtlich schwer, weil er nämlich hinkte. Eines seiner Beine war total verwachsen, das andere viel zu kurz geraten. Von Haus aus war der Hans ein bißchen verwöhnt. Nicht, daß die Eltern reich waren, doch war er des Holzhauers einziges Kind. Das Haus, an einem steilen Berghang, dem "Fuchsloch" gelegen, war im tiefen Winter schwer erreichbar, erst recht für Hans. Er besaß großen Ehrgeiz, in der Schule gute Arbeiten zu liefern. Aber er hatte ganz wenige Freunde, und ich schäme mich noch heute, mit ihnen ins gleiche Horn geblasen zu haben. Der Hans wurde öfters gehänselt, auch von meiner Nachbarschaft. "Hoppas" war sein Spitzname. Daß auch ich zu den Spöttern gehörte, konnte er nicht begreifen. Seine großen Augen stierten mich fassungslos an, als ich ihm einmal zurief "Hoppas, hopp, hopp, lauf mit deinem Klumpp Galopp". Er zog mich an den Zöpfen und glotzte mich fürchterlich an. Ein Wort gab das andere. "Bisch doch en deiner Klass de oenzig Brillagaffere." Ich darauf: "Und Du meines Vaters schwierigster Kunde." Das hatte ich einmal daheim aufgeschnappt, weil Hansens Schuhe kniffelige Handarbeit waren. Es ging hin und her, er ließ meine Zöpfe nicht los, er rief "Dippel, Dappel, donderle", und ich im Wechsel "Hoppas, Hoppla hopp". Da holte er mit seiner Faust weit aus und mir direkt ins Brustbein hinein. Ich hatte meinen ersten Ohnmachtsanfall im Leben weg, kam erst wieder im Haus, wohin sie mich getragen hatten, zu mir. Der Hoppas hatte Reißaus genommen und sich hinter eine sichere Hausecke verschanzt. Der Faustschlag des Hans, so wurde elternlicherseits angeraten, sollte unter uns bleiben. Man müsse nicht alles hinausposaunen, meinte der Großvater. Hoppas Vater war Kunde, dies müsse respektiert werden. Überhaupt wenn es sich um einen Behinderten handelt. Dessen Los sei schwer genug, er meinte auch das der Eltern. Tante Marianna hielt den Vorfall wert, mir ins Gewissen zu reden. "Du willst ein Sonntagskind sein? Einen Behinderten lästern, gehört nicht zu einem Höherstrebenden. Ein echter Christenmensch verbreitet Freude, doch niemals Lästerung eines Schwachen." Ich versprach, fernerhin mich nicht mehr zur Wehr zu setzen, wenn mich einer wegen der Komik des Familiennamens foppt. Daß dies auch einem Sonntagskind, das nur eine halbe Stunde vor einem Werktag geboren wurde, nicht ansteht, merkte ich mir. Mehr und mehr schloß ich mich Marianna an. Sie brauchte nicht zu betteln, daß ich sie in die Kirche begleite. Über Jahre hinweg blieb sie hellen Farben treu. Allein deshalb schaute ich zu ihr hinauf, weil sie ein Ausnahmefall unter den hiesigen, beim Kirchgang stets dunkel gekleideten älteren Frauen bildete.

War sie manchmal gesundheitshalber vom Kirchgang abgehalten, so erwartete die Tante die Wiedergabe der Auslegung vom Bibeltext. Mir selbst damals noch gar nicht voll bewußt, hatte sie dadurch mein Bestreben zur Verbesserung meiner Stenographenausbildung erreicht.

Mit Tante Marianna kam ein neuer, frischer Wind ins Haus. Sie hatte ein erstaunliches Verständnis für die Jugend. Die Spuren ihrer echt christlichen Lebensanschauung setzten sich überall nieder. Auch ihre früheren alten Freunde sagten es: "Sie war immer nobel, im ganzen Wesen".

Krämerseelen

Aus ihren Erzählungen lernten wir Handwerkerskinder für uns bislang ungewohnte Interessenverbindungen, vornehmlich auf geistiger Ebene kennen. Und dazu noch vom Umgang mit mancherlei Nationalitäten innerhalb der Stätten der Bibel. Trotz der Verschiedenheit im Ablauf der Lebensstationen war der Palästiner Tante Tapferkeit offenbar ebenso zu eigen wie der Vorfahrin Magdalena Dippelsauer.

In gelegentlichen Unterhaltungen flocht Marianna geborene Dippelsauer ein wenig Kritik über unsere schwäbischen Verhältnisse ein: Zuviel Geschäftssinn schadet der Seele, gute Kunden sind nicht immer gute Menschen, zuviel kaltes Rechnen läßt das Gemüt erfrieren.

Die weise Frau, vom Orient ins enge Heimattal zurückgekehrt, schien mit ihren hellen Augen durch uns alle im Haus hindurchzusehen. Aber gewiß nicht schulmeisterlich. Konkurrenzdenken war ihr ebenso verhaßt wie Engstirnigkeit im Leben untereinander. "Ob jemand ein Haus besitzt oder nicht, das hat mit der Persönlichkeit nichts zu tun, so Marianna.

Wind aus Nahost

Vater und Mutter waren ehrlich bemüht, ihre vier Kinder auf echt solider Grundlage zu erziehen. Wir wurden dazu angehalten, Gott zu fürchten, anderen kein Leid anzutun, den Nächsten nicht als Objekt des eigenen Profits zu betrachten. Wir müßten fleißig sein, damit wir uns später allein durchbrächten. Und wir sollten nie und nimmer lügen. Das würde sich stets rächen auf dieser Welt.

Doch in der kleinen Stadt, hügelig eingebettet, schien zu allen Zeiten Intoleranz wie fast angeklebt zu haften, damit auch ein Teil der Verwandtschaft; es waren jene von der Sippe, die nie über ihr Städtle, noch weniger über Württemberg hinausgekommen und woanders nie ihr Brot verdient hatten. Jene trugen aber den Kopf höher als andere Leute. Die hatten also einen "Krattel". Ihr Grund: ein gemeinsamer Vorfahre mütterlicherseits hatte sich einst vom Handwerker zum angesehenen städtischen Beamten emporgearbeitet.

Der frische Windhauch aus heißem Lande hat meinem Vaterhaus gutgetan. Er hat die damalige Spießbürgerlichkeit kräftig durchgeschüttelt.

Nicht nur, daß man in jungen Jahren über den Gartenzaun in fremde Länder und fremde Sitten schauen durfte. Die diesen Blick eröffnende Persönlichkeit war es, die das wahrhaftige Christsein vorlebte und den Weg dazu wies. Mein Erwachsenwerden hat Marianna stark beeinflußt, noch weit in spätere Situationen hinein. Freilich vermochte sie keinen Engel aus mir zu machen. Außer Marianna aus Palästina gab es nirgendwo ein anderes Wesen, das eine solch große Geduld hatte, Schulmädchen anzuhören. Mir kam es zugut, denn ich konnte rein gar nichts in mir verschließen. Wenn man nicht gerade in den Tag hineinlebte, war es immer gut, um ein übervolles, kleines Herz auszuschütten.

Rikele hatte ich mal wieder aus ihrer Verlegenheit beim Aufsatzmachen geholfen. Es war auf der Rathausstaffel, weil ihre Familie nur ein dunkles Loch als Wohnung besaß. Der lange Wachtmeister mit seinem Schnauzbart wollte uns zwei Treppenabsätze blockierende Mädchen verjagen. er zog mich an den Zöpfen. Ich schaute ihm ins Gesicht und er begriff, als ich ihm sagte: "Dort drenna isch koe Platz". Er wußte, daß die vielen Geschwister des blassen Rikele zum Lernen zuviel Spektakel machten, und ließ uns weitermachen. Rikele dankte mir strahlend für mein Konzept für die Deutschaufgabe.

Das Schreiben und das Lesen war einst auch andern nicht ihr Fach gewesen. Der Elsa zum Beispiel. Sie hielt mir einen leeren Zettel vor die Augen. Und ich kritzelte vom Überfluß meiner Phantasie ein paar Sätze für ein gewisses Thema. Unauffällig geriet der Papierfetzen wieder zurück. So ließ ich mir andererseits von Elsa beim Rechnen helfen. Es klappte fast immer.

Karoline tat sich in der Töchterschule manchmal recht schwer. Doch keineswegs im Lernen. Sie kam ungepflegt, sogar mit zerfransten Kleidern. Eine Gönnerin wollte Karoline vorwärtsbringen, bezahlte das Schulgeld und die Bücher. Während des Unterrichts gab es keine Schwierigkeiten. Aber in den Schulpausen wurde die Schüchterne mit Schmährufen überfallen. "Schämst du dich nicht, du Vogelscheuch?" An einem regnerischen Tag standen die meisten Schülerinnen um das Schultor herum und schwatzten. Karoline ging nicht gleich zur Seite, als eine andere an ihr vorbei und ins Freie wollte. Da wurde sie brutal angeschrien, im selben Augenblick sackte sie auf den Boden. "Weg da, du dreckige Sau" hatte diejenige, die ihr den Fuß gestellt hatte, ins Ohr gebrüllt. Es war die jüngste, verwöhnte Tochter eines neureichen Fabrikanten. Die Karoline war ihr immer ein Dorn im Auge, nicht nur aus ästhetischem Grund, vielmehr wegen Karolines rechnerischer Begabung, weil sie fast ein Genie war. Kreidebleich und scheinbar ohne Bewußtsein blieb das Mädchen am Boden liegen. Der herbeigerufene Arzt verordnete Spitalaufenthalt wegen Gehirnerschütterung.

Schulischerseits durfte nicht darüber gesprochen werden, damit der Unterricht auch in anderen Klassen nicht gestört würde. Weil ich in unmittelbarer Nähe der Karoline gestanden hatte, posaunte

Wigge, die Fußstellerin hinaus, daß die Hanna den Fall verursacht habe. Sie versuchte rundum im Schüler- und dann auch noch im Lehrerkreis sich rein zu waschen. Der mit kalter, schneidender Stimmgewalt "Mei Vatter isch Schtadtrat" ausgerufene Versuch der Rechtfertigung Wigges belastete mich zwei Tage und Nächte lang. Währenddessen war mir Tante Marianna wieder einmal der große Schutzengel. "Bete, damit deine Unschuld erwiesen wird". Zugleich übergab sie mir ein Fünfmarkstück für Karoline und den Auftrag, ihr neue Unterwäsche einzukaufen. Denn deren Vater war vor Jahren nach Amerika ausgereist, ohne sich je einmal bei der Familie gemeldet zu haben. Der Mutter oblag daheim die ganze Last des Geldverdienens durch Waschen bei anderen Leuten. Gottseidank waren die meisten Schülerinnen nicht auf des Stadtrats Töchterlein Seite. Dies stärkte mein Selbstbewußtsein. Und die Entlastung von der Unterstellung folgte innerhalb kurzer Zeit. Auf Veranlassung meines Vaters kam es im Konferenzraum des Schulhauses zu einer kleinen Verhandlung. Es ging um Hanna oder Wigge. Siegessicher thronte Wigge neben ihrem Vater, der wegen seines Weinbauchs zwei Schülerplätze beanspruchte. Beide Mädchen verneinten die Untat an der Karoline. Da klopfte es, und herein trat die kleine Mathilde. "I möcht' no saga, daß es der Fuß von Wigge gwea isch. I han auff da Boda guckt, weil se me fascht zammadruckt hent. De gleiche Schuha wie die Wigge an sellem Tag, hot sie heut au anzoga." Tatsächlich war es so: braune Boxkalfhalbschuhe, fast neu mit breiten Schuhbändern. Mit einem ihrer Füße hatte also die Wigge der Karoline den bösen Fall verursacht. Da gab es kein Pardon. Der Herr Stadtrat mußte sich verpflichten, an die Stadtkasse hundert Mark zu zahlen, zum Zweck der Armenversorgung.

Marianna

Marianna

Der Vorgang in der Schule hatte mich doch arg mitgenommen. Auch alle Familienmitglieder waren froh, daß er so rasch bereinigt wurde. Tante Marianna sprach von Gebetserhörung und versprach, an einem frühen Abend mit dem Abrollenlassen ihrer Lebensgeschichte zu beginnen, damit der Bluff im Schulhof schneller vergessen sein würde.

Zwischen zwei Brüdern aufgewachsen erlebte Marianna eine glückliche Jugend. Sie war ein gelehriges Kind. Für Mädchen gab es zu jener Zeit nur die allgemeinbildende Volksschule. Die Mutter war schon kränklich, als Marianna das letzte Schuljahr hinter sich gebracht hatte. Es gab ein ungeschriebenes Gesetz, daß ein Mädchen Mutters Stütze wurde. Die Fünfzehnjährige wuchs in den Haushalt hinein, noch ehe sie es versah. Auch Mutters Pflege lag auf ihren Schultern. Die Brüder hatten indes auch ihren Teil mitzutragen gehabt. Sie erlernten ihre Handwerksberufe. Für Marianna war es selbstverständlich, daß sie an die Stelle der toten Mutter trat. Sie war geschickt in allen praktischen Arbeiten, nahm aber jede Gelegenheit wahr, um sich zu bilden. Ihr Vater hatte dafür viel Verständnis und schenkte ihr zu jeder Gelegenheit Bücher. Deren Inhalt wurzelte zumeist im schwäbischen Pietismus. Aus Schriften erfuhr sie von Kriegen im Orient, von den Opfern, und vom Elend der Waisen. Sie verfolgte daheim die Stätten des blutigen Geschehens, in Syrien und im Libanon. Das Ottomanische Reich und das Elend der Christen und Drusen hatten sie schon von Kind auf interessiert. Immer war aber ihre Sehnsucht nach Jerusalem vorausgeeilt.

Für Mädchen gab es seinerzeit weder Sportverein noch Gesangverein, lediglich einen Jungfrauenverein. Der letztere aber entsprach so gar nicht ihren Vorstellungen. Die Leiterin, ausnahmslos in tiefem Schwarz war für Marianna von zu schwarmgeistigem Wesen. "Ich mag solche Typen heute noch nicht" so erzählte sie von früher. "Zum Glück komme ich immer noch früh genug — zum Unglück aber viel zu früh" so machte sie 25-jährig einem Onkel deutlich, als sie das Angebot eines jungen Mannes wieder einmal abgelehnt hatte. Ein Langer, mit einem Spitzbart sollte von Marianna erhört werden. "Aber er überhäufte mich mit salbungsvollen Sprüchen." Sie wollte auch ihren verwitweten Vater nicht allein mit dem jüngsten Bruder lassen. Das Angebot schien ihr nicht wert genug, die Geborgenheit daheim mit der herumreisenden Partnerin eines ungeliebten Mannes einzutauschen. "Und so vergingen die Jahre" so Marianna. "Einen Handwerker heiraten, das kann ich noch lang" und sie sinnierte weiter: "Weißt, wenn man das Leben einer Handwerkersfrau kennt, dann möchte man, ehrlich gesagt, da nicht einsteigen." Wenn die Frau kein Vermögen brachte, war in diesen Achtzigerjahren des vorigen Jahrhunderts immer eine Pfennigfuchserei im Haus. Aufs Bezahlen der Waren mußte man lange warten, und die Leute in der Werkstatt wollten doch ihren regelmäßigen Lohn. Meistens waren die Ehen sehr kinderreich. Die Frauen waren laufend schwanger, mußten im Haus und im Garten schwer arbeiten, weil alles in Handarbeit vor sich ging. Viele Nächte wurden an Kinderbetten gewacht, und dann starben doch viele, viele an den unheilbaren Krankheiten. Armut trotz Fleiß und Ausdauer und viel Jammer, das war oft genug das Los der Handwerkerfrauen." Marianna beobachtete ihre Mitbürgerinnen. Und sie hatte keine Lust, in deren Fußtapfen zu treten. "Da werd ich lieber eine alte Jungfer" so verteidigte sie ihren Standpunkt, wenn Verwandte oder Bekannte sie zu einer Heirat lotsen wollten. Sie vergnügte sich mit den jungen Burschen, ließ sich hofieren. "War das immer lustig, wenn mich der Ludwig auf die Schultern genommen hatte." Dies war, wenn sie vom Lichtgang heimwärts zogen, durch den tiefen Wald und über kniehohe Pfützen. Aber deshalb wollte sie weder den Ludwig noch den Hansjakob ehelichen. "Ich hatte meinen Spaß mit ihnen. Ihre Frauen haben sie sich dann aus den hinteren Wäldern geholt. Deren Väter hatten nämlich nicht nur eine Aussteuer, sondern auch ein pralles Sparbuch parat. Marianna war deshalb nicht eifersüchtig. Einem freilich, es war kein Hiesiger, dem hätte sie gern die Hand gegeben. "Es war ein entfernter Vetter, der hatte Manieren, zugleich die Aussicht auf den Beamtentitel "Kanzleirat". Er aber wollte ihr nur das Händchen halten, sonst nichts. Später, so erzählte Marianna, sei er mit der Tochter eines Vorgesetzten bei der Stuttgarter Regierung verheiratet worden. Gar nicht glücklich sei er geworden, dieser Herr Kanzleirat. "Der Ernst hatte mir eigentlich leid getan, wenn er gelegentlich mit der Postkutsche vorbeigekommen war."

Eines schönen Tages wurde Marianna die kleine Stadt zu eng. Sie war lange vorher im Briefwechsel mit einer Basler Freundin gestanden. Durch diese Freundschaft erhielt Marianna eine Stellung bei einem älteren Verleger, dem führte sie das Haus. Sie wurde wie eine eigene Tochter gehalten. Die Mission stand in enger Beziehung zum Verlag. So wuchs Marianna nicht nur in die Würde einer angesehenen Frau des Hauses hinein. Ihr Bildungshunger wurde endlich gestillt. Ihre geistliche Einstellung kam den Beziehungen des Verlegerhauses entgegen. Das freundschaftliche Wesen der Schwarzwälderin wurde für sie selbst die Brücke zu der Welt, die sie schon seit langem gesucht hatte. Bald war sie in der englischen Sprache so daheim wie im heimatlichen Dialekt. Und erst recht zugehörig fühlte sie sich im Missionswerk. Sie lernte Angehörige vieler fremder Staaten kennen, darunter auch manche Autoren, zu Besuch im Verlegerhaushalt.

"Ob ich mit ihm in Palästina leben könnte, hatte mich der Engländer gefragt." Marianna brauchte eine Weile, bis sie sich zum Entschluß aufraffen konnte. Der Missionar war nämlich um etliche Jahre älter als sie. So entsprach auch er eigentlich weniger ihren Vorstellungen als "Liebhaber". Sie waren sich aber in ihrem Auftrag, das Evangelium unter die Völker zu bringen, vollständig einig. So zog das Mädchen aus dem schwarzen Wald hinaus in die Ferne, übers Meer.

Zuerst aber sollte es England kennenlernen, wenigstens einen Teil davon. "Du mußt doch wissen, woher ich bin, bevor du dich mir anvertrauen willst." Marianna hatte sich Peters Landsleute viel steifer vorgestellt, obschon die Baseler englischen Freunde "besser als ihr Ruf gewesen" sein sollen. "Wenn du willst die schönsten Kathedralen der Welt sehen, mußt du nach England", so wußte die Erzählerin noch nach vielen Jahrzehnten von einem an sich kurzen Besuch in des Mannes Heimat zu berichten. In der Grafschaft Devon stand seine Wiege, doch kein Verwandter war mehr vorhanden. Sie hatten ein holperiges Gefährt gemietet, als sie durchs eigenartige Dartmoor fuhren. Ein wenig unheimlich kam es ihr vor. "Dort hätte ich nicht bleiben mögen." Dagegen schwärmte sie von Exeter, der historischen Universitätsstadt, am meisten aber von der Architektur der berühmten Kirche. "Ich war einfach sprachlos, als wir noch draußen standen. Daß mich der Anblick einer Kathedrale derart packen kann, war für Peter unverständlich. Andererseits schmeichelte es ihm für sein Heimatland. Ich bestand darauf, daß wir uns hier in diesem einzigartigsten Gotteshaus der Welt trauen ließen. Das ging indes nur mit Umständen, weil wir uns zuerst Peters Papiere aus London holen mußten. Denn eigentlich stand dem Mann der Sinn zum Heiraten in der Hauptstadt. Doch seiner Braut zuliebe sollten wir in Exeter den Bund fürs Leben segnen lassen". So Tante Marianna. Die Augen glänzten beim Erzählen. Denn es soll das erste und das letzte Mal gewesen sein, daß Peter so vollständig auf ihren Wunsch einging.

Die Kanalfahrt nach Cherbourg verlief verhältnismäßig ruhig, Marianna hatte sich zwar auf eine unruhige See eingestellt gehabt. Umso langweiliger betrachtete sie die lange Weiterfahrt in den Süden durch Frankreich. Und Peter war so einsilbig, wie sie ihn zuvor nie gekannt hatte. "In Marseille aber taute er auf. Daß wir hier zehn Tage lang auf unser Schiff warten sollten, kam uns gerade recht." Die offenen Läden waren für sie ein Stückchen südländischer Vorgeschmack. Und daß ausgerechnet sie und ihr Mann, nachdem eine Droschke die beiden zum Hafen gebracht, auf dem allergrößten Schiffsriesen weiterreisen sollten, war eine Überraschung. War das ein Leben! Nein, sie hätte mit keiner anderen jungen Frau, weder im Dartmoor noch mit der Freundin Liese im schwäbischen Ländle tauschen mögen. Nun war sie auf der Fahrt in die weite Welt. Das Tagebuch der Marianna berichtet: Majestätisch lag das Schiff vor unseren Augen, mit dem Boot wurden wir "Mücken" zum Eingang gebracht. Wir hatten eine Einzelkajüte. In den anderen mußten zum Teil acht Personen schlafen, auch nicht größer als drei Quadratmeter. Es gab gepolsterte Leiterle für den "zweiten Stock" und je zwei Bullaugen, so groß wie Waffeleisen. Ferner gabs einen Kork über jedem Bett. Die erste Klasse hatte ihre eigene Tafel im Speisesaal, auch die zweite. Ein Kellner servierte. Wer die dritte Klasse wählen mußte, hatte selbst für das Essen zu sorgen. Die Drittkläßler hatten keine Kajüte, diese Menschen lagen auf dem Verdeck auf Kissen,

Säcken und Koffern, alles beieinander: Männer, Frauen, Kinder, Italiener, Araber und Franzosen. Bei schlechtem Wetter und hohem Seegang wurden diese Leute mit Wasser überschüttet, waren also jeder Gefahr ausgesetzt. — Während des Abendessens um sechs Uhr stieß unser Schiff "Sidney" vom Lande. Ein Mann spielte auf dem Klavier eine ganz traurige Weise.

Schon in der ersten Nacht — es war später Oktober — durften wir unsere letzte Mahlzeit nicht behalten. Die Wellen gingen haushoch über das Riesenschiff, der Sturm peitschte an die Schiffswände. So gab es trotz Ermüdung keinen Schlaf. Nur Peter und ein Priester waren an unserem Tisch zum Frühstück erschienen. Bleich und krank erschienen die anderen Passagiere um vier Uhr nachmittags zum Mittagessen. Neapel und seine Umgebung konnten wir dann bei wolkenlosem Himmel erleben." Auf einem andern Blatt berichtet Marianna von vielen Händlern beim Aufenthalt im Hafen. Die kamen in Booten, und massenweise. Korallen, Granaten und anderen Schmuck hielten sie wohlfeil, in sieben Aufenthaltsstunden.

Weiter wird berichtet: "Ich sitze auf dem Verdeck. Der nächste Halt wird Smyrna sein. Man sieht nur Wasser und den lieben Himmel. Ich erflehe den Schutz vom Herrgott auf dieser langen Reise. Denn wie schnell verändert sich die Zeit! Ein holder Knabe, vorgestern noch fröhlich spielend, verstarb plötzlich. Er wurde in eine Kiste getan, die wurde mit eisernen Stäben verschlossen. Dann wurde das tote Kind ins Meer hinunter gelassen. Ein Priester sprach ein Gebet.

Ein Gewirr von großen und kleinen Dampfern sah ich beim Einlaufen im Hafen von Smyrna (Izmir). Tief verschleierte Frauen kamen auf das Schiff. Ich konnte vieles vom Verdeck aus beobachten. Auch wie eine Verschleierte von ihrem Mann auf dem Landungssteg verprügelt wurde. Er meinte wohl, sie habe ihr Gesicht zu offen getragen. Oh, diese Frauen sind wirkliche Sklaven! Laute Araber mit roten Kappen boten auch in Konstantinopel (Istanbul) ihre verschiedenen Früchte an, hauptsächlich Melonen. Manche Schiffe waren damit vollbeladen. In diesem Völkergemisch konnte es einem angst und bange werden vor einer doch immerhin unbekannten Zukunft.

Es war bereits Mitte November, als wir aus der Ägäis in Richtung Mittelmeer ausliefen. Viele waren in der großen Stadt an Land gegangen, andere neu aufs Schiff gekommen. Die Paläste des Sultans mit den hohen Türmen und den paratstehenden Kanonen entschwanden meinen Blicken. Die morgenländische Stadt Wadde mit Festung und Windmühlen bot eine eigenartige Ansicht während einem sehr ruhigen Seegang mit warmen Lüften. Ob dem Geschrei der Bootsmänner war während der Einfahrt in den Beiruter Hafen kaum das eigene Wort zu verstehen. Die Pilger mit dem Ziel Jerusalem betrachteten den Wirbel mit offener Gelassenheit.

Unser "Sydney" durfte drei Tage lang nicht weiterfahren. Unterdessen wurden wir in einem deutschen Hotel freundlich empfangen, nachdem wir vom Schiff mit dem Boot an Land gebracht worden waren. Nach weiteren drei Tagen lief unser Schiff in Jaffa ein. Wir waren von Marseille aus insgesamt 16 Tage unterwegs."

Marianna Dippelsauer war nun im Land ihrer Sehnsucht, dort wo einst Jesus lebte und gewirkt hatte, wo sie mit ihrem Mann in dessen Fußtapfen wirken wollte. In diesem fruchtbaren Landstrich gab es bereits zur Jahrhundertwende, als die Missionarsleute eintrafen, deutsche Siedlungen. Die bedeutendste und größte war zweifellos in Haifa. Es waren zumeist schwäbische Handwerker und Bauern, sie besaßen zum Teil in einigen Jahrzehnten von ihnen selbst urbar und fruchtbar gemachte Ländereien, waren sparsam und umgänglich. "So gehörte dieses Völklein aus meiner Heimat zu den Angesehenen unter den Juden, Arabern und anderen. Von einigen, die aus meinem Heimattal stammten, hatte ich genaue Adressen." Das Einleben, so erzählte Marianna weiter, war aber gar nicht so einfach.

Sie und Peter hatten ein Haus, direkt am Meer. Der es vorher bewohnt hatte, war auch wie Peter Missionar. Er war kurz nach dem Eintreten in den Ruhestand verstorben. Seine Frau schon früher. "So war ich ganz auf mich selbst angewiesen, aber unsere neue Heimat war bezaubernd schön. Noch bei der Ankunft im November gab es im Garten frisches Obst zu ernten. Von der Küste her wehte ein lauwarmer Wind." Bei gegenseitigen Einladungen lernte Marianna die Amtsbrüder ihres Mannes kennen, ebenso deren Familien.

"Meinen Dialekt von daheim konnte ich mir an den Hut stecken, damit war es aus. Denn es gab ausschließlich Engländer auf der Station." So erinnerte sich die Missionarsfrau. Auf dem Missionsfeld ihres Mannes fand sie, was sie zuvor erstrebte, kaum eine Mittätigkeit. Doch sollte es nicht lange dauern, daß sie ausschließlich als Lady einer Missionsstation fungieren sollte. Nicht lange nach der Einreise wurde der Missionar von Jaffa nach Jerusalem versetzt. Und hier bot sich für die Schwäbin erst der richtige Platz. Auch ein großer Teil der bislang gewonnenen englischen Freunde war mit nach Jerusalem gekommen. Die arabische Sprache war indes unentbehrlich. In Vorahnung der Veränderung hatte Marianna bereits in Jaffa Sprachstunden genommen. Mit ihren Bediensteten, der Putzfrau, Waschfrau, Bügelfrau wurden die Anfänge durchexerziert. So war sie wohlgerüstet, im Syrischen Waisenhaus Hilfe zu leisten.

Von der Kleinkinderschule wechselte sie in eine Klasse der Elemantarschule. "Die Kinder waren alle schwarzhaarig, sie stammten aus Syrien und dem Libanon, wo es 1860 den bösen Krieg gegeben hatte. Doch Kriege und Waisen gab es zu allen Zeiten, und ich war so dankbar, daß ich mich in diesem Lande richtig für die Armen einsetzen konnte. Es wurde zwar deutsch gelehrt, doch waren "englisch" und "arabisch" unentbehrlich. Das Waisenhaus hatte eine betont missionarische Ausstrahlung. Ich konnte dank meiner deutschen und schweizerischen Beziehungen dem Waisenvater helfen, daß die Hilfskommitees in Europa florierten. Denn Geld von draußen war arg nötig." So hatte Marianna durch ihren Einsatz für Waisenkinder das Lebensglück gefunden. Es entsprach ganz ihrem Naturell, spontan Hilfe zu leisten, neben der Aufgabe in ihrer Schulklasse.

"Nach Schuljahresschluß war ich jeweils ein bißchen stolz darauf, daß ich durch eine nicht gerade bequeme Weiterbildung so wundersam geprägt und für andere nützlich geworden bin." Peter, der Engländer, war ein sehr ernsthafter Streiter fürs Christentum. Er konnte Respekt einflößen, aber dies reichte nicht aus gegen den Talmud anzukämpfen. "Manchesmal kam er ganz niedergeschlagen von einer Missionsreise ins Landesinnere zurück. Es war für uns eine Genugtuung, daß ich in meiner Mädchenklasse gut ankam", sagte einmal seine Frau. "Aber bei ihm ging es um etwas viel Größeres als Nähen- und Handarbeitenlehren, und ein bißchen Deutsch und Englisch. Seine Hörer bestanden auf dem Propheten Jesus von Nazareth, nichts aber wollten sie von einem Erlöser wissen. Ich bin ja immer glücklich gewesen, wenn Peter doch hin und wieder jemand zur Bekehrung gebracht hatte."

An einem schulfreien Tag begab sich Marianna einmal herunter von Jerusalem. Sie nahm dazu eine leichte Droschke, bis ans Meer war es eine weite Strecke. Dort, in Haifa wollte sie endlich einmal Landsleute aufsuchen. Und insgeheim ein bißchen mit ihnen schwäbeln.

Als die Auslagen eines Schneiders sie zum Verweilen lockten, trat von der Meerseite her jemand mit "Grüß Gott" an sie heran. Sie war bislang kaum mit Kolonisten in Berührung gekommen, vermochte sich wenig an einzelne Namen von der Heimat her zu erinnern, Die Dame mit Sonnenschirm und langem weißen Sommerkleid, mit breitrandigem Strohhut, blickte direkt in das Gesicht von Ernst aus Stuttgart. "Gelt, da staunst, mich hier zu treffen?" Marianna konnte es kauum glauben, wußte nicht, ob sie ob dieser Begegnung glücklich oder unglücklich sein sollte. Im Augenblick sah sie aber in Ernst ein Stückchen Heimat. Er wußte ein Strandcafé, wo er auf ihre Fragen Antwort gab. Ernsts Ehe war eigentlich keine mehr. Seine Frau vegetierte in einer Irrenanstalt (wie man damals sagte). Und "ich selbst bin an der Art und Weise, wie ich behandelt wurde, schier eingegangen. Meine Amtsgeschäfte vermochte ich fast nicht mehr zu erledigen. Da überlegte ich, ob ich nicht auswandern sollte. Ich hatte von meinem verstorbenen Vater ein beträchtliches Vermögen in die Hand bekommen. Von Bekannten erfuhr ich, daß in Palästina Landkäufe möglich seien. So ließ ich mich vorzeitig aus dem Staatsdienst entlassen und bin Landwirt geworden. Die Atmosphäre daheim habe ich nicht mehr ausgehalten."

Auf Mariannas Zweifel erwiderte er, daß er tüchtige arabische Arbeitskräfte angeheuert habe, er selbst mache nur die Verwaltungsgeschäfte. "Bin gleich mit meinem Kapital auch in eine Jaffa-Orangen-Export-Firma eingestiegen."

Ernst bewunderte Mariannas Erscheinung. Er wußte nicht, daß

sie inzwischen längst verheiratet war. So warb er gleich für das nächste Treffen. Er bewohnte eine kleine Villa in der Nähe seiner Orangenpflanzungen. "Reinschauen werde ich wohl dürfen", sagte sich die Missionsfrau aus Schwaben. Er wollte sie dann mit der Droschke abholen lassen. Aus ihrem Einwand, daß sie im Waisenhaus in Jerusalem doch ziemlich stark engagiert sei, machte sich der neugebackene Kolonist nicht viel. Das hätte sie doch gar nicht nötig, meinte er. Und erst als sie klargemacht hatte, daß es sich für einen echten Christen, und erst recht für eine Missionarsfrau so gehören würde, seinen Verstand und seine Kraft in den Dienst des Nächsten zu stecken, war er mit seiner Zudringlichkeit etwas zurückhaltender geworden. Der Nachmittag verging, ohne in der Kolonie Besuche gemacht zu haben. Marianna fuhr mit schwerem Herzen gen Jerusalem hinauf.

Sie hatte ihn schon immer geliebt, diesen Ernst; aber, so dachte sie, "jetzt ist es zu spät. Dem, der dem Unglück mit seiner Frau einfach aus dem Wege ging, mußte mit Distanz begegnet werden", das war sie sich schon nach dem ersten Zufallstreffen bewußt. Doch in den folgenden Tagen vermochte sie nur ungern der klaren Einsicht zu folgen. In den Schulstunden hatte sie Mühe, diese ordentlich zu beenden. In die Zweifel, ob sie nicht den lockenden Einladungen Ernsts folgen sollte, traten einsame Nachtstunden. Denn Peter war wieder auf einer großen Dienstreise.

Nach dem ersten Besuch am Rande des Carmel war Marianna von der neuen Heimat des Vetters aus Stuttgart hingerissen. Aber dann schenkte sie ihrem Gastgeber klaren Wein ein, nachdem er auf regelmäßige Wiederholungen gedrängt hatte. Das Fünkchen Zuneigung, das von ihrer Seite her ihm entgegenblinkte, versuchte er nach allen Regeln der Kunst zum Lodern zu bringen.

"Lieber Gott, laß uns vernünftig sein" so sprach sie laut in die lauen Nächte hinein. Die zuweilen aufgetretene Vergeßlichkeit während den Schulstunden waren ihr von den Mädchen nicht übelgenommen worden. Sie konnten so charmant darüber lächeln und ihre Zähne aus ihren braunen Gesichtern blitzen lassen. Darüber war Marianna glücklich. Sie vergalt es ihren Anvertrauten mit erhöhter Aufmerksamkeit. Als Ali, Ernsts Chauffeur, sie zum nächsten Besuch abholen wollte, stieg sie nicht in die Droschke. In der kleinen Depesche, die Ernst ausgehändigt wurde, stand nur "Laß es genug sein! M."

War es ein Diktat ihrer Fantasie oder eine Fügung? Jedenfalls war anderntags ein Rundgang durch die Altstadt auf dem Stundenplan vorgegeben. Gedankliche Seitensprünge wären hier fehl am Platz gewesen. Die Wunderfitzigkeit einer aufgeweckten Mädchenschar mußte pausenlos gestillt werden. "Weshalb das Gemurmel in dieser Synagoge? Was steht auf den Zetteln, in die Ritzen der Klagemauer gesteckt?. Was geschah auf der Burg Antonia im Herodes Palast? Warum gibt es hier drei monotheistische Religionen?" So ging es nacheinander, auch im Tempelbezirk und in der Grabeskirche. Die Mädchen wünschten eine baldige Fortsetzung, denn zum Inspizieren der Via Dolorosa wollten sie allein einen ganzen Nachmittag verwenden.

Ihre Führerin versprach es ihnen, auch um ihrer selbst willen. Die Eindrucksfülle hatte auch sie wieder einmal total überwältigt. Sie wollte die Zeugen der Christenheit und alle Funde der Vorzeit als Glaubensstützen bald wiederholt betrachten. Nach zwei Tagen überbrachte Ali ins Missionshaus einen Brief an Marianna. "Bin auf der Fahrt nach Stuttgart. Meine Frau ist gestorben."

Nachdem Peter von seiner Reise nach Jericho wieder heimgekehrt war, gab es für ihn im Missionshaus eine Unmenge zu erledigen. So erfuhr er zunächst nichts von der Begegnung mit dem Stuttgarter. Der war ohnedies jetzt weit in Europa und hatte mit seinen Angelegenheiten gerade genug zu tun.

An einem Abend reichte ihr Peter eine Postkarte von Ernst, abgestempelt in Tübingen. Eine Frage lag ihm auf der Zunge, denn mit der Heimatsprache von Marianna konnte er kaum etwas anfangen, noch weniger mit den urdeutschen Buchstaben. "Bin schwer erkrankt, hier in klinischer Behandlung, Gruß Ernst."

Nach einem halben Jahr stand wieder einmal die Droschke vor dem Missionshaus. Es war an einem Mittwochnachmittag, als Marianna mit Hausfrauenpflichten beschäftigt war. Ali bat ganz dringlich, daß Marianna mitkomme, denn seinem Herrn gehe es nicht gut. Er habe mit knapper Not die Rückreise überstanden. Marianna erschrak, als sie den abgemagerten Ernst auf der sonnengeschützten Veranda sah. "Es soll Malaria oder etwas ähnliches gewesen sein, das ich durchgemacht habe. Und jetzt habe ich nicht mehr lange zu leben."

Die Frau hatte nicht damit gerechnet, daß er selbst keine Überlebenschancen mehr sah. Nun lag ihm noch die Nachfolge seines Besitztums am Herzen. Marianna sollte darüber verfügen können. Sie wollte solch ernste Sache mit ihrem Mann besprechen und am andern Tag wiederkommen.

Ernst war noch hinfälliger geworden. Die braunen Augen traten ganz groß hervor, als er beschwor: "Liebe Marianna, nur Dich habe ich immer geliebt, und in Deine Nähe habe ich mich über Land und Meer begeben. Bitte besorge mir hier in Deiner geheiligten Erde meine letzte Ruhestätte." Dem Rat seiner Landsmännin, sein Besitztum dem Waisenhaus zu übergeben, kam er in seinem Testament nach. Marianna war traurig über das plötzliche Ende. Daß der einst geliebte Mann aus der schwäbischen Heimat dem Haus mit der christlichen Erziehung durch sein Vermächtnis zum Weiterwachsen verhalf, war ihr ein großer Trost. Die Region kam mit dem Ende des ersten Weltkriegs für rund 30 Jahre unter die Herrschaft von Großbritannien und Frankreich.

Auch nachdem ihr Peter — durch Herztod — entrissen wurde, blieb Marianna noch mehrere Jahre im Waisenhaus tätig. "Es war die erfüllteste Zeit meines Lebens," so bestätigte sie später immer wieder.

Über alles: Harmonie

Im alten Haus meiner Kindheit ging Marianna Harmonie über alles im Zusammenleben.Sobald ich mit meinen jüngeren Geschwistern in Händel geriet, hieß es aber auch von Elternseite. "Nale, höret uff, s'Älteste und s'Gscheiteste gibt noch". Dies ist mir oft sehr schwer gefallen. Denn im Blick aufs Holz- und Kohleschleppen hätte ich gern auf das "Tun-müssen" mangels kindlicher Kräfte verzichtet, ohne Rücksicht auf das betonte Image der sogenannten "Gescheitesten". — Mancher meint, im Leben zu kurz gekommen zu sein. Ich nicht. Die Zeit hat alles gut gemacht, auch die Nachteile der Erstgeborenen ausgeglichen. Über aufziehendem Groll siegte bei jedem Nachgeben in Geschwisterhändeln angewachsener Ehrgeiz. Spürbare liebreiche Anerkennung standen stets der sensiblen Herangewachsenen zur Seite.

Arbeitskolonnen

Mariannas Heimkehr aus Palästina fiel in die Inflationszeit. Diese Not steigerte sich von Jahr zu Jahr nach dem ersten Weltkrieg. Schließlich von Woche zu Woche, als die Kaufleute und Handwerker ihren Kassenbestand nach Geschäftsschluß in Körben zur Bank gebracht hatten. Da gab es Leute, die mitten in einem Besitzwechsel standen, von heute auf morgen fast nichts mehr mit dem Erlös ihres Hauses anfangen konnten, also vor dem Nichts gelandet waren. Ein gesellschaftlicher Wandel von nie geahntem Ausmaß hatte in Deutschland begonnen. Auf den Banken gingen Ersparnisse für den Lebensabend einfach in Nullen dahin. Und die Nachfolge-Abrechnung der Aufwertung reichte weder zum Leben noch zum Sterben.

Große Arbeitslosigkeit drang gleichfalls in unsere kleine Stadt vor. Von der Kommunalverwaltung ausgehende Maßnahmen, Straßenbau, Friedhofsneubau usw. verschafften langen Kolonnen arbeitsloser Menschen Einnahmen zum Überleben. Kartoffeln und Rüben mußte der Boden hergeben. Ausbildungschancen gab es ganz wenig in jener Zeit. Aber ich nützte sie, belegte Stenographie-und Buchführung-Näh-und Handarbeitskurse; sogar Servierkurse, obwohl die Zutaten von imaginärer Art waren. Daheim mangelte es uns jetzt weniger an Nahrung als an Geld. Die Waren waren nach der Inflation viel teurer eingekauft worden, als sie nachher wieder abgesetzt werden konnten. Wer dazu in jenen Jahren ein Haus neu erbaut hatte, war übel dran. Da mußte jedes Kind in Werkstatt und Laden mit Hand anlegen, damit Arbeitslöhne erspart würden. Nur so und nicht anders konnte das teure Haus, Vaters höchstes Lebensziel, so bald nach der Geldentwertung gehalten werden. Junge Menschen von meiner Generation versuchten vielfach in Amerika Fuß zu fassen. Ich hatte nur den Schneid, in die nahe Schweiz zu fahren. Dort wurde ich als Haustochter gehalten und bekam ein Taschengeld. Nachmittags konnte ich mich viel an der frischen Luft bewegen. Dies nämlich hatte mir daheim der Arzt geraten; weil es meine Lunge brauchte, meinte er. So gingen über zwei Jahre dahin.

Ich hatte die Steno-Illustrierte abonniert, blieb also am Ball. Mein Französisch suchte ich durch Kurse und Konversation mit anderen jungen Mädchen zu festigen. Freilich lernte ich Kochen und Kinderpflege, zum Waschen und Putzen wurde eine Zugehfrau gehalten. Ich hatte anderes im Sinn.

Rechnen war in der Schule eigentlich nie mein Fach gewesen. Und doch traf es sich, daß meine erste Bürostelle eine Bank wurde., für beinahe zehn Jahre. Als ich sie antrat, gab es eine Menge Neider. Denn es war immer noch die Zeit der großen Arbeitslosigkeit. "Frauen gehören an den Herd" damit haben mir damals die Kollegen den Weg in einen Beruf verpflastern wollen. Dies jedoch nur am Anfang. Auch das Foppen mit "Lange Haare — kurzer Sinn" hörte schon nach wenigen Wochen auf.

Johanna

Johanna

Als junge Hausfrau und spätere Mutter kam ich nach Berlin, nicht nur auf einen Sprung, wohl aber für mehrere Jahre. Es war eine interessante Zeitspanne, Lehrzeit fürs Leben. Ich konnte die Großstadt ein Jahr lang im Frieden erleben, danach aber mit Lebensmittelkarten, Schlangestehen in den Läden und schließlich Bombennächten. Mein erstes Kind, lange Jahre das einzige, kam einen Monat vor der Mobilmachung auf die Welt. So manchen Bombenhagel überstanden wir im Keller.

"Nocheinmal davongekommen" so wünschten die Hausbewohner einander "Gute Nacht", nur zu oft blieb es nicht bei einem einzigen Nachtangriff der Bomber. An einem Nachmittag überquerte ich mit meiner Dreijährigen den Levetzowplatz, um nach Moabit zu kommen. Dort konnte man, war man fündig, noch hie und da Wäschestücke oder Stoffe bekommen, auch zuweilen Spielsachen. Auf dem Rückweg war der große Platz wie weggefegt, man sah weder Straßenbahn noch irgendein Auto, wir, Mutter und Kind, weit und breit die einzigen Menschen. So schien es. Dann aber sah ich den wahrscheinlichen Grund dieser Großstadtstille: Vor der Häuserfront auf der Gegenseite standen mehrere Lastautos. "Soll das wahr sein, ein Massenumzug?" Ich beobachtete noch, wie ältere Leute nacheinander aus den Häusern geführt, manchmal mehr gezerrt, an eine in den Lastteil der Wagen führende Leiter gebracht und hineingeschoben wurden, von braun gekleideten Männern. Das Kind war ungewöhnlich ungeduldig: es wollte mit dem Puppenwagen einfach nicht stehenbleiben. Ich selbst war wie festgenagelt. "Auf was warten Sie hier" so frug ein auf mich zugekommener Polizist. "Ich möchte wissen, wohin diese Leute dort drüben mit den gelben Sternen ohne irgendein Gepäck hingeführt werden" frug ich zurück. "Das geht Sie gar nichts an, machen Sie, daß Sie von diesem Platz wegkommen." Mein kleines Mädchen war schon vorausgeeilt, es hatte die besondere Gabe, Straßen und Ecken sich genau zu merken. So war es das Kind, das mich intuitiv lenkte, genau vor eine der unzählig gleichen Haustüren in der Nähe des Landwehrkanals.

Das Erlebnis hatte mich zutiefst erschüttert. "Von solchen Vorfällen habe ich doch noch gar nichts gelesen" sagte ich zu dem gerade für zwei Tage in Urlaub gekommenen Mann. "Du weißt noch viel nicht, warte nur ab. Aber schweige!"

Von der Fahrt an seinen Einsatzort in Rußland hatte mir mein Bruder eine Karte geschickt, er hoffte auf ein frohes Wiedersehen, daheim im Nordschwarzwald. Vor mir lag dieses Ziel, wollte dort in der Heidelbeerzeit zu den Eltern reisen. Am Tag der Schlacht auf der Krim — ich hatte im Radio gehört, daß sie mächtig im Gange sei — war ich beim Einkaufen in einem Warenhaus, das nur an bestimmten Wochentagen ein größeres Angebot von Textilien feilbieten konnte. Ich hatte bereits meinen Bedarf für die Verwandten in der Tasche, als ich plötzlich hohes Fieber spürte. Es war um die Mittagszeit und die Verkäuferinnen wollten pausieren. Es war ohnedies heiß an diesem Junitag. Wie ich dann nach Hause kam, wußte ich später kaum mehr. Erst nach kurzem Ausruhen schien die Temperatur wie weggeblasen.

Nach zwei Tagen kam ich zuhause im Schwarzwald angereist. Auf der Kommode war das Bild des Bruders aufgestellt. Ich mußte wegschauen, ehe mich kalter Schauer zu erfassen drohte. Am nächsten Morgen kam ein eingeschriebener Feldpostbrief mit dem Inhalt, daß der Obergefreite Paul Dippelsauer den Heldentod erlitten hat. Nach späteren Aussagen eines Kameraden war es am selben Tag und zu selber Stunde, als ich, noch in Berlin den fiebrigen Anfall gehabt hatte.

Das später nachgesandte Krimschild als "Erinnerungszeichen an die heldenhaften Kämpfe um die Halbinsel Krim" war kein Trost für Eltern, die den einzigen Sohn und Geschäftsnachfolger einem unseligen Krieg opfern mußten.

War es am Ende doch keine Liebesheirat und nur ausschließlich die Aussicht, von der Kleinstadt wegzukommen, gewesen? In den schlechten Zeiten ging alles gut. Wer hätte gedacht, daß es einmal anders kommen könnte? Die Krise kam. Es blieb nichts anders übrig, als ins Städtchen zurückzukehren. Denn Berliner Häuser waren größtenteils nicht mehr beziehbar, und so haben wir, meine Familie, in der Heimat die neue Existenz gegründet. Männer waren so knapp wie Wohnraum, und ein gutaussehender Mann war für einen Schwarm von feschen Kriegerwitwen immer wie ein Magnet. Eifersucht war mir eigentlich ein Fremdwort, war arglos und plagte mich nicht mit Lappalien.

Eine aus dem Witwenschwarm meinte, der Mann werde bei weitem nicht genug von Hause aus vergöttert. Weil sie nächst der Schule wohnte, steckte sie ihm in den Pausen Most und Wein zu. Die Wirkung dieser Art von Verehrung war katastrophal und führte geradewegs in das Kummertal der Familie hinein. Es kam zu immer häufiger werdendem Mißbrauch von Alkohol und zum Abbruch beruflicher Anstrengungen. Frau und Kinder wurden zu Schweigern gemacht, wollten sie sich den Ausschreitungen entgegensetzen. So wurden Prügel zur Tagesordnung. Und dazu gesellte sich Schmalhans Küchenmeister.

Wenn ich damals nicht aus einem Hobby, Zeitungsartikel, mehr und mehr Geld gemacht hätte, wären wir der Not unterlegen gewesen. Ich erkannte in dieser Begabung einen Fingerzeig des Himmels. Und so faßte ich den Mut zu einem neuen Leben, das heißt zur Trennung von einem Gefährten, den der Alkohol zum Feind der Familie gemacht hatte. Ich sah keinen anderen Ausweg. Es gab Leute, die hernach gesagt hatten: "Wenn Sie ernstlich gesucht, hätten Sie sicher auch noch eine andere Lösung des Problems gefunden!" Ich gab darauf zu bedenken, daß man in einem solchen Fall zuerst selbst einmal im Dreck gesteckt haben müsse, auch daß meine zum Teil noch sehr kleinen Kinder und der Anfang der eigenen Verdienstmöglichkeit sowie ein noch nicht modernisierter Haushalt mich voll beansprucht hätten. "Machen Sie das einmal selbst durch, dann können Sie erst beurteilen, überhaupt nach dem Durchlaufen einer Hölle." Vor Jahrzehnten war in unserer Kleinstadt eine Scheidung Gesprächsstoff für solche und solche. Die kleine Welt hat sich inzwischen durch Medien und Verhältnisse völlig verändert. Klatschbasen sind zwar nicht ausgestorben, aber stark reduziert. Es kommt daher, weil sie offensichtlich vor ihrer eigenen Tür genug Scherben wegzukehren haben. Doch da existiert vereinzelt noch eine Sorte aus der Art der Selbstgerechten: "..., ich danke, daß ich nicht so bin wie die andern".

Ich fand mit der Zeit heraus, daß zuviel Rückwärtsdenken automatisch Rückschritt bedeutet. Eine gewisse weiche Welle durfte einfach nicht aufkommen: Gedanken an schöne gemeinsame Stunden, an Familienglück. Knallhart hatte ich zuweilen an "Ach hätt ich" oder an "Wenn ich" anzukämpfen. Der Übergang zur mindestens vorübergehend anhaltend realistischen Einstellung wurde mit Tränen errungen. Und allemal war halt Arbeit die sicherste Arznei bei grüblerischen Anfällen. Immer vereinzelter drang schließlich Negatives wegen der "geschiedenen" Frau zu mir. Und dies auschließlich von Seiten neidischer Nur-Hausfrauen, zum Beispiel, wenn ich an einer besonders gelungenen großen Reportage beteiligt war. "Kein Wunder, daß der Mann damals das Trinken angefangen hat, diese Frau war einfach für den zu gescheit." So ähnlich wurde über mich von meiner eigenen Frauengeneration im speziell unteren Milieu dieser kleinen Stadt geschwatzt. Wenn ich auch im Augenblick darüber traurig war, so verwandelte sich das dumme Geschwätz in weiteren Ansporn.

Kein besseres und schöneres Lob erreichte mich mehr als einmal von Persönlichkeiten, die meine Texte mit Interesse verfolgten: "Frauen sind doch bessere Diplomaten".. Ich glaube, diese Beurteilung ist einer gewissen Veranlagung zur Einfühlsamkeit zuzuschreiben. Drauflosschreiben ist eine einfache Sache. Des lieben inneren und äußeren Friedens willen brauchts aber mehr.

Wenn es einmal Reibereien auf dem Rathaus gab, vielleicht auch ein Abgehen vom guten Ton, dann sparte ich mit solchem Text in der Zeitung. Auch war mir von Anfang an klar, daß das Aufbauschen von Bagatellen in Meinungsverschiedenheiten, oder gar persönliche Differenzen unter einem Gremium zur Verhärtung von Fronten führen, also nicht zur Harmonie beitragen. So verzichtete ich lieber über den Tag hinaus auf etwaigen Anstrich von Aktualität, und blieb meinem Vorsatz treu. Denn die Erfassung des Wesentlichen gehört nun mal zum gewissenhaften Arbeiten in Sachen öffentliche Meinung. Effekthascherei bleibt eine Eintagsfliege wie wenn man als Zeitungsartikler Faseleien, Halb- oder Viertelswahrheiten nicht auf den Grund zu gehen vermag, und schließlich ungelegte

Eier als Fertigprodukt anbietet. Gleichwohl ist es beim offenen Wort nicht ausgeblieben, daß ich zuweilen ins Fettnäpfchen getreten bin.

Es ging aber während meiner aktiven Jahre nicht immer mit tierischem Ernst bei der Arbeit zu. Freilich hatte man vom Pressetisch aus nichts zu melden. Man war ja nur das kleine Schreiberlein gegenüber den "vom Volk Erwählten". Die Freiheit der Gedanken blieb vorbehalten, und ein Lächeln, weil ein lautes gutes Lachen gegen die Anstandslehre verstoßen hätte. Da war nämlich einmal ein Ratsmitglied. Das hat bei einer wichtigen Abstimmung immer zuerst das Handzeichen aus der ganzen Runde abgewartet. Dann aber erst mit einem schlauen Blick ringsum, jeweils "für" oder "gegen" gestimmt.

Von einem Waldgang mit dem Gemeinderat bleibt mir ein Erlebnis unvergeßlich. Nach dem Diskutieren inmitten einer Waldlichtung — die Räte und Fachleute sprachen von künftiger Nutzung, von der erstaunlichen Entwicklung einer Neupflanzung nach einem Kahlhieb in Zeiten der Holzforderungen durch die Siegermächte — war das Ende des Programms der Wald-Exkursion abzusehen. Es war beim Übergang zum reinen Genuß der Natur im lichten Frühlingskleid, wo die Tannenschoße herrlich dufteten und von der Ferne nur ein Knicken im Unterholz zu hören war. An diesem Tag schienen Füchse, Rehe und Hasen sich nicht vor den Grünröcken zu fürchten. Denen floß nämlich das Herz über, und sie begannen zu singen. Der ganze Gemeinderat stimmte mit ein "Dies Bildnis ist bezaubernd schön". Im Wald gibt es keinen Pressetisch, und so stimmten auch die Zeitungsleute munter in die Arie mit ein.

Dies war in jener Zeit, als ich noch von einer gewissen Anspannung umgeben war. Von morgens bis abends, und manchmal bis in die tiefe Nacht hinein. Schnell denken — und schnell handeln, von Aufhören nach dem Achtstundentag kaum eine Spur. Meine Töchter wurden derweil selbständig, die Hauptsache war, daß jeweils der Lebensmittelvorrat nicht ausgegangen, so daß für sie eine Zeitverschiebung der Mahlzeiten nicht nötig war. So war stets fürs Essen gesorgt. Es gab hingegen auch unerwartete freie Stunden, wo die Töchter über ihre Mutter frei verfügen durften. Die Kinder und ich haben dabei gelernt, sich nicht selbst dauernd zu bemitleiden, wenn es mal nicht akkurat nach der Uhr ging, und sonst etwas Unebenes im Weg stand. — Für mich, so habe ich erkannt, führte die beständige Unruhe eigentlich zur wahren Ruhe.

Warum ich nicht wieder geheiratet habe, fragten oftmals die Freunde. "Liebe Leute", sagte ich dann, "in noch jüngeren Jahren war ich in dem harten und verantwortungsvollen Beruf voll ausgelastet. Auch brachten die drei Kinder so viel Leben ins Haus. In gesundheitlich guten Schaffensjahren kam ich oft gar nicht zur Besinnung auf mich selbst. Allerlei Hobbys drängten Gedanken an eine Zweisamkeit auch noch zurück." Es wäre nur der wirklich passende Mann in Frage gekommen. Doch wohernehmen — und nicht stehlen: Eine andere Ehe deshalb kaputt machen hätte ich nicht mit gutem Gewissen überlebt. So bleibt Verzicht, der mit jedem weiteren Lebensjahr leichter fällt. "Ein gutes Gewissen = Sanftes Ruhekissen."

Als erst jüngst so ein Freundeskreis wieder einmal bohrte und auf "den Busch" klopfen wollte "daß eine Frau deines Formats unverheiratet geblieben, ist so schwer begreifbar." "Warum denn", sagte ich. "Potztausend, seid Ihr alle noch sehr altmodisch! Ihr werdet doch den Gesamtwert eines Menschen nicht an dem Maßstab seines Familienstandes messen wollen. Jeder Stand hat seine Plage, und meiner," sagte ich, "hatte während Jahrzehnten den Vorsprung, daß ich nach Herzenslust Reisen machen konnte. Zumeist zweimal im Jahr spürte ich mächtig das Oberwasser der Selbständigen... Wollte mir doch einmal eine gute Bekannte, als wir zusammen in Gizeh waren, weismachen, daß ein Kamelritt mit Ehepartner noch viel reizvoller wäre, da konnte ich gleich danach von einer Beobachtung in Sachen "Zwangsjacke" berichten. Dies war im ägyptischen Museum in Kairo. Es stritt sich ein vor mir übelgelaunt hergehendes älteres Paar. Der Mann: "immer muß ich dir nachfolgen, keine fünf Minuten läßt du mich hier mit Kleopatra oder Nofrete allein." Die Frau: "Du bleibst bei mir, was werden Hans und Elsa von deinen Alleingängen denken?"

Insonderheit durch Reisen erweitert sich der Gesichtskreis, obgleich die Arbeit am Redaktionstisch keineswegs langweilig war. Im Gegenteil. Man lebte zwischen Hetze der Termine und Redaktionsschluß, war mit dem Redigieren der Manuskripte und den eigenen Artikeln vollauf gefordert. Indes machte es aber auch Spaß, beim Fündig-werden. Im Handumdrehen waren dann zähe Bemühungen in etlichen Telefongesprächen vergessen. Wer aber nicht voll zu seinen Aussagen stehen kann, der ist bald passee. So steckt doch hinter der kleinsten Kolumne, in jeder Zeile, nicht nur zuweilen unglaublicher Zeitaufwand, wohl aber raucht der Kopf...

"Wer nur gesessen in sein'm Nest" heißt es in einem Wanderlied. Gemeint sind die Scheuklappen vor dem Hirnkasten, wenn man zur Außenwelt keine Beziehungen hat und engstirnig wird. Und so fühlte ich mich hauptsächlich in Urlaubszeiten glücklich, in diese Zeitspanne hineingeboren zu sein. Eine Pilgerreise zum Beispiel ins Land der Bibel mit einem längeren Aufenthalt in Jerusalem, bereicherte mich nachhaltig. Es drängte mich auch geradezu danach, an Ort und Stelle die Begegnungen Tante Mariannas nach mehr als 50 Jahren nachzuvollziehen, im heutigen Israel mit seiner vielfältigen Vergangenheit. Es ist eigenartig, daß die humorigen kleinen Details trotz den ganz großen Erlebnissen im Zusammenhang mit den biblischen Aussagen und den historischen Monumenten gedanklich immer wieder aufleuchten. Das einst von meiner Großtante vielzitierte syrische Waisenhaus wurde mit der Staatsgründung Israels und der Teilung Palästinas als deutsche Einrichtung enteignet. Es brauchte vier Jahre, bis eine neue Schule im Libanon aufgebaut war (1952). Eine zweite folgte 1966 in Jordanien. "Wenn das Marianna noch erlebt hätte — Jerusalem ohne das Waisenhaus —, "aber", so sann ich an einem Abend beim Tagesausklang im Innenhof von Casa-Nova weiter, "es sind ihr immerhin die kriegerischen Auseinandersetzungen mit den pfeifenden Kugeln auf den Spielplätzen erspart geblieben." —

Von ein paar Jerusalemer Begegnungen, an denen Tante Marianna ihre Freude gehabt hätte, behielt ich speziell eine in heiterer Erinnerung, die kaum verblassen wird: Am Eingang zur Interkonfessional Church war es einem Franziskaner besonderes Anliegen, daß die Besucher in ihrem Äußeren der Stätte würdig erschienen. Ich dachte mir nichts dabei, war damals modisch kurzrockig und ärmellos bekleidet. Der Pater ließ mich nicht ein. Er bedeutete mir, daß die Schultern bedeckt sein müßten. Da holte ich zwei Papiertaschentücher aus der Handtasche, und steckte sie unter die Schulternaht des Kleides. Mit einem maliziösen Lächeln und mit der Anerkennung "Très bien" ließ er mich, also beflügelt, passieren. —

Es war zum erstenmal, daß ich per erster Klasse in der Eisenbahn fuhr. Ich hatte einen zweiter-Klasse-Fahrschein in Stuttgart gelöst, stieg aber, als ob ich es immer täte, wie in Trance auf das Trittbrett zum Klasse eins-Coupe. Ich schwenkte keineswegs zurück, sondern blieb gelassen auf dem weichen Sitz: "Warum denn nicht einmal im Leben aus der Mittelklasse heraussteigen?" Der Schaffner kassierte ohne den eigentlich erwarteten Vorwurf, nach. So fuhr der Intercity bereits über Göppingen hinaus, als ich erst den älteren Herrn, der mit geschlossenen Augen an der Fensterecke saß, wahrnahm.

Am Albaufstieg gab es auf der Schiene einen Rumpler, und der Passagier wurde wach. Er grüßte mit einem feinen Lächeln, entschuldigte seine Verschlafenheit. "Ich habe eine lange Strecke hinter mir, wissen Sie!" Und weiter: "Man ist halt nicht mehr der Jüngste." Ich gab zu verstehen, daß ich noch nicht so lange wie er unterwegs sei und daß ich nur vom Schwarzwald herkäme und nach München wolle. Der Norddeutsche war aufeinmal hellwach: "Von welcher Stadt, wenn ich fragen darf?" Darauf ich: "Sie kennen die kleine Stadt sicher nicht, sie liegt zwischen zwei Kreisgrenzen." Als ich doch noch den Ortsnamen nannte, war er ganz Ohr. "Ja, kennen Sie dort irgendjemand?" forschte ich. "Meine Urgroßmutter stammt dorther. Sie war eine geborene Dippelsauer; falls Ihnen dieser Name ein Begriff sein sollte." Und ob ich daran kein Interesse gehabt hätte, trug ich doch diesen nicht gerade bequemen Familiennamen als Anhängsel zu meinem Angeheirateten. Dies gab ich dem gepflegten Herrn zu verstehen. Ein Wort gab das andere. "Es hat in meiner Jungendzeit noch eine Anzahl Namensträger gegeben, aber etliche sind inzwischen gestorben oder auch weggezogen. Wissen Sie vielleicht, welchen Beruf ihr Vorfahre in der kleinen Stadt ausgeübt hat," frug ich. Nach einer kleinen Frist des Überlegens platzte er heraus: "Ich hab's , er war Schuhmachermeister." Dann gab es ja keinen Zweifel mehr, der mir gegenüber Sitzende war ein Verwandter. Mir selbst kam inzwischen der Name Magdalena in den Sinn, sprach es aus, und das Erstaunen wuchs auf beiden

Seiten. "Magdalena Dippelsauer war also ihre Urgroßmutter, und demnach meine Urgroßtante."

Augsburg war bereits hinter uns, als wir uns bewußt wurden, daß mein Reiseziel ganz nahe war, der Moment zum Aussteigen nicht verpaßt werden durfte. So rasch war noch nie die Zeit vergangen, seit ich von Zeit zu Zeit nach München fuhr, seit etwa fünf Jahren. So reichte es gerade noch, sich gegenseitig das "DU" anzubieten und unsere Adressen auszutauschen. Mit "Wen hast Du denn schon wieder einmal aufgegabelt?" frug mich beim Ausstieg altklug der wartende Enkelsohn, nachdem er beobachtet hatte, daß mir ein fremder Mann beim Aussteigen behilflich war. "Das ist nämlich ein Vetter von mir" nahm er ganz ungläubig auf. "Ja, ja so sagt man halt" und er packte meine Koffer, derweil ich rückwärts blickte und mit dem Taschentuch winkte.

Der Nachfahre Magdalenas fuhr nämlich in Richtung Innsbruck weiter. Der ersten Begegnung folgte mehrere Wochen später eine weitere. Der Großenkel Magdalenas und Ottfrieds (die beiden hatten sich seinerzeit am Oberrhein niedergelassen) war meiner Einladung gefolgt und kam eines schönen Tages im Frühling mit Frau und Wagen angefahren.

Die Erinnerung an das Schicksal der Magdalena, von Generation zu Generation wurde weitergereicht. Voll Hochachtung. Ich staunte, mit welchem Respekt und einer achtungsvollen Liebe ihre Geschichte wie ein interessanter Film abgerollt wurde. Mit aller Offenheit und ohne Zorn auf den alten Meister, der in seiner kleinkarierten Verbohrtheit einstens der eigenen Tochter das Haus verwies.

Der Besucher interessierte sich für den Platz, wo einmal dieses Elternhaus stand, ebenso für das Haus von Schorschs Eltern, der Großeltern des Halbbruders Ulrich. Der norddeutsche Besucher in der Heimat Magdalenas war mit der Familiengeschichte vertraut, auch mit der Historie der bösen Schwester.

Weil sie ihr so übel mitgespielt hatte, wollte seinerzeit die Urgroßmutter des Erzählers, Magdalena, von der Existenz der Schwester nichts mehr sehen und hören. Bevor sie jedoch mit Ottfried an den Oberrhein zog, klopfte Elsbeth ans große Tor. Sie verlangte die Frau Baronin zu sprechen. "Bitte lassen Sie mich ein, ich bin ihre Schwester". Die schwäbische Mundart, die man heraushörte, kam ihr zugut, daß sie überhaupt Einlaß bekam, denn das Äußere der Elsbeth war absolut nicht dazu angetan "Ich will zurück, bitte gib mir Fahrgeld", so sprach sie und bekam es. Magdalena war ein Stein vom Herzen gefallen.

"Danke, danke, i muaß danke, daß Sia mi bsuacht hent" sagte der Mann im Altenteil des großen Bauernhofs. Er beteuerte bei meinem Besuch immer wieder aufs Neue: "So ben i uff meine alte Tag doch no zua ebbes nutz', dös freut mi!" Durch Zufall bekam ich es heraus: die Ortschaft der Elsbeth, wohin sie geheiratet hatte. Da ich von meinem Beruf her noch im Umgang mit Dorfschulzen nicht ungeübt geblieben, war der Hausname bald herausgefunden. Ein ziemlich junger Bürgermeister des Höhenorts gewährte mir Einblick in die Akten des Standesamts. Das Haus war leicht auffindbar.

"Sia müsset halt ganz laut schwätze" empfahl mir ein Schulbub, als ich bei den "Jakobsbaura" vorsprach. Der alte Mann stammte tatsächlich von der Linie der Elsbeth ab. Sie war seiner Großmutter Base. Er wußte, daß sie am Rhein "ge deana" war. "I woaß halt, daß selle Elsbeth a ganz Lätze gwea sei soll", erzählte der gesprächige Greis. Er kam dabei so in Fahrt, daß er weit mehr in seine Familiengeschichte eindrang, als ich zu wissen wünschte.

Die Elsbeth sei also keine gute Frau gewesen, auch nachdem sie von einem begüterten Hagestolz geheiratet wurde. Ihr Mann war einst Kunde ihres Vaters. Durch dessen Dazutun bekam der große Hof endlich eine Bäuerin, und später auch Nachkommen. Sie hatte nicht nur ihre Familie schikaniert, auch Knechte und Mägde wechselten sehr häufig die Stellung auf diesem Hof. Der Mann hatte das Hauswesen und die Bewirtschaftung der Felder völlig der Frau Elsbeth überlassen und war seinen Geschäften in der Waldwirtschaft nachgegangen. Er war indes darauf aus, daß seine Frau nichts verwirtschaftete. Nämlich vor der Heirat war er auf die frühere Eigenschaft der Elsbeth, das Geld nicht zusammenhalten zu können, aufmerksam gemacht worden.

Insofern hatte sich die Frau zum Guten verändert, dank seiner Strenge in diesem Bereich. Drei von vier Söhnen waren nicht geneigt, Bauer zu werden, einer studierte, zwei wurden Handwerker im Städtchen. Der vierte wurde Hoferbe. Als seinerzeit dieser Jungbauer eine Freundin hatte, versuchte Mutter Elsbeth die jungen Leute auseinanderzubringen. Das Mädchen war armer Leute Kind, Tochter einer unverheirateten Mutter, als Schwiegertochter keinesfalls bequem. Es nützte auch nichts, daß aus diesem Verhältnis eine Schwangerschaft entstand. Die Mutter drohte ohne Wissen ihres Mannes mit des Sohnes Enterbung, falls er auf eine Heirat bestehen sollte. Kaltblütig bot sie dem Mädchen eine größere Geldsumme an, und dann war für sie die Sache erledigt. Schließlich tappte der junge Bauer mit einem andern Mädchen in eine unglückliche Ehe hinein, ehe er sich versah, war er drin. Es geschah indes ganz nach Elsbeths Wunsch, vielmehr als Endeffekt ihrer Intrigen. Es kam ganz anders, als es sich die reiche Bäuerin vorgestellt hatte. Sie hätte so gerne über den gesamten Besitz allein geherrscht, nachdem ihr Mann gestorben war. An einem Sommermorgen, als alle Kräfte bei der Ernte gebraucht wurden, war sie nicht angetreten. Elsbeth antwortete auch nicht auf das Klopfen an ihrer Schlafzimmertüre. Stattdessen lag sie sprach- und bewegungslos auf ihrem Bett. Was keiner je an ihr einmal gesehen hatte, sie weinte. Es war ein Schlaganfall, von dem sie sich nur schwer erholte. Elsbeth brauchte noch einige Jahre bis zu ihrem Tod Hilfe beim Gehen. So entglitt ihr über Nacht die Steuerung des bäuerlichen Betriebs, geradewegs hinein in die Hand ihres bislang bevormundeten Sohnes.

"Ebbes muaß i Ehna aber no verzähla" so der Altbauer, "s'isch guat, daß mr selle Elsbeth scho lang, lang nemme zetera hört." Er war aufeinmal des Sprechens müde und nur schwer ließ sich seine Aussage zusammenreimen: Zwei ihrer Nachfahrinnen hätten sich in irgendeiner großen Stadt im Südwesten niedergelassen. Sie hätten jede ihre eigene Wohnung und lebten, wie der Ähne wörtlich sagte "mit einem Mann unverheiratet zusammen". Die eine oder die andere würden ab und zu noch das Haus im oberen Wald besuchen. Eine dritte Elsbeth-Nachfahrin folgte nach den Aussagen des Vorfahren gleichfalls dem "Zug der Zeit". Nicht ohne Stolz ließ der Alte vernehmen, daß die Jüngste von Elsbeths Stamm dank großem

Holzabsatz aus den Wäldern studieren konnte. Sie wurde Richterin und nimmt eine angesehene Stellung in der Gesellschaft einer Kreisstadt ein. Nicht aus Versehen, sondern auf Wunsch wurde sie jüngst Mutter eines Sohnes. Des Kindes Vater und sie leben in Freundschaft und Neigung verpflichtend, der eine da, der andere dort. "Ja, ja", sagte der Alte, nocheinmal sich vor meinem Verabschieden aufraffend, "a jeder hots mit andere Stolperstein' zu tua, mit scharfkantige oder auch ronde. Sei Leaba lang. Der Herrgott hot aber au da Verstand und d'Kraft zuam Wegreima gea. D'Elsbeth dät sich em Grab romdreha ob der neia Mode, ob deam Zammaleaba ohne Hochzig. – D'Leut hent am End an ihra nuff guckt. Weil se doch regelmäßig end'Kirch ganga isch. Aber au weil se ihren Hof ond dean grauße Wald hot zammaheba kenna. Ha,ha". Er lachte gequält. "Wenn mr a grauß Sach' hot, no isch mr halt ebbes, uff dera Welt. Hent Sia dees net au scho feschtgschtellt?" Mit einer entsprechenden Handbewegung winkte er ab, als ich widersprach, daß "Sach ond Geld" nicht das Glück der Welt seien. Es stehe doch in der Bibel: "Was hülfe es dem Menschen, wenn er die ganze Welt gewänne und nehme doch Schaden an seiner Seele?" Wir beide bemerkten kaum, daß wir vom Thema Elsbeth, dem Grund meines Besuchs, eigentlich abgekommen waren.

Der alte Mann vor dem uralten Bauernhaus wies auf den rotgoldnen Sonnenball, der im Westen hinter den endlosen Wäldern immer mehr verschwand. Er drehte sich um, bemerkte den Stein nicht, der am Wegrand lag, stolperte und fiel mir geradewegs in die Arme. Der Junge, der mir zuvor den Weg gewiesen hatte, war durch Rufen erreichbar. Zu zweit brachten wir den leichtgewichtigen Ähne ins Haus. Ehe noch der herbeigerufene Arzt das Bauernhaus der "Jakobsbaura" erreichte, stockte der Atem des Alten. Der Schlag traf ihn beim letzten Blick in die untergehende Sonne.

Großmutter erzählt

Auf einer abermaligen Intercity-Fahrt nach München traf ich keinen, den meine Existenz interessiert hätte. Es war zwei Jahre nach der Begegnung mit dem Magdalena-Nachkomme, der damals von Norddeutschland über München gen Insbruck gefahren war. Zwischen seinem Wohnort und dem Nordschwarzwald ist die Verbindung seither nicht eingeschlafen. Meine Gedanken gingen diesmal voraus. Ich freute mich auf die Jüngsten in der Großstadtwohnung, war von Anfang an für die beiden Mädchen ihre "Nanna".

"Nanna, bitte erzähl mir, bettelte Vrena, ehe ich bei ihnen angekommen, überhaupt die Reisetasche abgelegt hatte. Seit dem letzten Mal war sie mit dem Inhalt von einem halben Dutzend Grimms-Märchen vertraut und dazu noch von meinen Selbsterfundenen. Bereits im Zugabteil hatte ich mir darüber Gedanken gemacht, wie ich dem aufgeweckten Kind etwas Neues vorsetzen kann. Der Ausgang von Rübezahl, Sterntaler und Hans-im-Glück waren so geläufig, daß es meine Erinnerung noch damit auffrischen konnte. "Bitte, bitte," so fings auch diesmal an, "erzähl doch von Deinen vielen Hühnern und den Stallhasen, von denen mit roten Augen!" Ja, freilich, so nebenbei hatte ich im Familienkreis erzählt, daß bei uns daheim auf winzigem Platz ganze Scharen von Gefieder und den molligen Rotaugen zuhause gewesen waren. Damals als ich ein Kind war. "Komm. sitz zu uns her, Dorle", lud ich das Nesthäkchen ein, damit auch es vom Fuchs, der uns ein Huhn geklaut hatte, etwas erführe. "In München gibt es kein Dorle", mahnte mich die kecke Ältere. "Sie heißt nämlich Dorothea, liebe Nanna". Und die kleinen MünchnerInnen schienen ganz ernst der abenteuerlichen Geschichte aus unserem Hühnerstall zu folgen. Als ich schließlich auch noch weismachen wollte, daß mich der Großvater mit meiner jüngeren Schwester in einen Stall gesperrt hatte, kullerten Tränen. "Warum denn weinen", frug ich. "Meine Nanna in einen Stall sperren, das darf man nicht". Vrena war beruhigt, als sie erfuhr, daß dieser Raum nur in grauer Zeit als Stall gedient hatte, daß eben die Bezeichnung geblieben sei. Dennoch ließ sie nicht locker, bis sie auch den Grund des Eingesperrtseins wußte. "Wir hatten meinen Großvater einen alten Gockel geheißen, weil er uns nicht zu den andern Kindern auf die Straße lassen wollte. Dort machten sie nämlich das Singspiel vom Holderbusch". Die Münchner Kindl gaben erst Ruhe, als sie den Singsang von mir hörten und ihn vorgetanzt sahen: "Petersilie, Sumpfenkraut wächst in unserm Garten, und die Frieda ist die Braut, kann nicht länger warten. Hinter einem Holderbusch, gab sie ihrem Schatz ein' Kuß."

Anstatt einem Ausflug an den Starnberger See besuchten wir bei Regenwetter anderntags ein Eiscafé. Mein dortiger Aufenthalt dauerte zwar etwas länger, weil ich auf Mutter und Kinder wegen einer Besorgung zu warten hatte. Währenddessen gingen die Gäste ein und aus. Am längsten blieb ein Pärchen schräg vis-à-vis von mir. Jeder Satz wurde mit einem Kuß quittiert. Als die Kinder eintrafen, war der Blick zum Pärchen erneut frei geworden, gerade von der Bank aus, worauf sich die Kleinen plaziert hatten. "Ist dies die Frieda? Aber da ist ja gar kein Holderbusch" konstatierte Vrena. "Gestern hast du es uns erzählt" philosophierte die kleine Besserwisserin weiter.

Überfall

"Von Euch in dem kleinen Städtchen möchte ich hören", drängte das Kind. Es regnete vom Großstadthimmel. Man war samt den Kindern aufs Haus angewiesen. Und so holte ich alte Erinnerungen "von uns daheim" aus dem hintersten Winkel meiner Großmutterseele hervor. Es machte mir Vergnügen, alles, was ich in meiner Kinder- und Jugendzeit gesehen und gehört habe, vor solch aufmerksamer Zuhörerschaft auszubreiten. Überhaupt, wo ich doch so dazu herausgefordert wurde, wie von Vrena. Mein "Dorle" hielt sich dabei aufrecht, es bewies Sitzfleisch beim Gechichtenhören. Aber nach kurzer Zeit fielen diesmal die Augen zu. Umsomehr zeigte sich die Größere ausdauernd als Hörerin. Ich hatte das Thema "Überfall" angekündigt. Das hatte anscheinend Zugkraft, um ihre Augen doppelt so groß erscheinen zu lassen. Und mir gab dies Anstoß, beim Erzählen nicht allzu zimperlich vorzugehen. Ich meine lange zu überlegen: "eignet sich dies überhaupt für eine Fünfjährige oder ist etwa dies und das wegzulassen?" Also fing ich an.

"Mein Großvater hat mir einst, als ich etwas älter als Du jetzt bist, von einer Art Attentat erzählt. Als er selbst erst zwölf Jahre alt war, wurde seine Familie davon betroffen. Sein Vater, der Hersteller von orthopädischem Schuhwerk gewesen war — für die ganze Umgebung — war mit drei Paar teuren Schuhen aus allerfeinstem Leder bepackt, als er an einem frühen Abend aus dem Haus im Städtchen gegangen war. Es waren Fußbekleidungen für abnorme Füße, für ungleich gewachsene oder durch einen Unfall verstümmelte. Mein Urgroßvater war weithin für seine Maßarbeit bekannt. Hauptsächlich dafür, daß ein Gehbehinderter in seiner Maßarbeit garantiert richtig gehen kann.

Der hochgewachsene Meister war in seiner Jugend nicht immer in der kleinen Stadt geblieben. Er war als Handwerkersbursch', wie es in jenen Zeiten um 1840-50 der Brauch gewesen, zwischen Basel und Hamburg herumgekommen. In Dresden, so hatte mir sein Sohn Phillip, mein Großvater, erzählt, habe sein Aufenthalt am längsten gedauert. Dort hatte er nämlich gelernt, wie man abnorme Füße mit dem richtigen Schuhwerk versehen kann. Allein das "Anmessen" fordert einen Meister heraus. Dies habe ich selbst früher bei meinem Vater abgeguckt. Wir Kinder durften uns zwar keineswegs blicken lassen, wenn seinerzeit ein Kunde zum Maßnehmen gekommen war (es könnte jenem peinlich sein), aber mir hat eines schönen Tages eine List doch dazu verholfen, die bloßen Beine eines Herrn Kommerzienrat ungeniert zu betrachten. Ich hatte herausgebracht, daß der Herr aus Stuttgart angereist gekommen war. Die Tür zum Maßstüble war nur angelehnt. Und die neugierige Neunjährige nützte den längeren Augenblick, um einen barfüßigen hohen Kunden zu betrachten. Damals bei uns daheim war das Vorzeigen von nackten Gliedmaßen eine echte Vertrauenssache. Ich habe meinen gelungenen verbotenen Anblick später nicht einmal meiner besten Freundin verraten. Auch die Herrenbauern, die sich teure Handarbeit für ihre Füße zu leisten vermochten, hätten sich wegen solch einer Blöße geniert, verriet Großvater. Und so war es gang und gäbe, daß jeder aus dieser Schuhmacher-Generation das Maßnehmen als eine höchst heilige Angelegenheit betrachtete.

Auf dem langen Fußweg zum hochgelegenen Dorf soll sich mein Urgroßvater in Gedanken mit anderen angekündigten Kunden beschäftigt haben. Auf dem großen Gut des Martinshofes wollte er zwei Paar der orthopädischen Ware abliefern. Ein weiteres Paar war für den dicken Sägemüller, der mit dem weißen Vollbart, angefertigt worden. Es wurde dabei vom Meister auf gute Erlöse gehofft.

Der Gutsbesitzer vom Martinshof fühlte sich schon nach der Anprobe pudelwohl, wie er sagte. "Nun kann ich wieder auf die Felder hinaus, und nach dem Rechten sehen." Der Winter war bereits lang genug, und danach drückten ihn die Schuhe, wo er ging und stand. Erst, seit sein Knecht vor einigen Wochen eingeschirrt und ihn am Markttag ins Städtle gefahren hatte, hatte er wieder Hoffnung bekommen. Er hatte von meinem Urgroßvater gehört. Seit dem Maßnehmen, das seiner Ansicht nach korrekt fachmännisch vor sich gegangen, freute sich der Herrenbauer auf die Belieferung. Das zweite Schuhpaar war nach den Maßen seines Oberknechts, der seit einem Unfall in der Scheune hinkte, angefertigt worden. Es wurde dazu nicht das für Arbeitsschuhe übliche harte Spaltleder und auch keine breiten Nägel für die Sohlen verwendet, sondern Holznägel für die einen, und Pechzwirn für die andern, Stich für Stich. Herr und Knecht lachten nach den ersten Gehversuchen übers ganze Gesicht. Meister und Kunde saßen noch eine gute Stunde beim gemischten Birnen-Apfelmost und Brot mit Rauchfleisch auf dem Tisch. An der Rechnungssumme wurde überhaupt nicht gedeutelt. So zufrieden, sagte der neue Kunde, sei er seiner Lebtag noch nie gewesen. Ehe sie die schwere Eichentüre abschloß, steckte dem Mann die behäbige Bäuerin noch eine Schachtel voll Schmalzgebackenem zu, "für Eure Kinder ein Extra Gruß!" Das wollte etwas heißen. Die Martinshöfler waren nämlich ganz und gar nicht als besonders spendabel bekannt.

Munter zog sodann der Vater meines Großvaters von dannen, fünf Kilometer geradeaus abwärts zum ersten Haus des nächsten Dorfes. Aus dem Nebenbau war um diese Tageszeit das Getöse und der andere Lärm vom Sägebetrieb nicht mehr zu hören. Berge von Baumriesen säumten den Weg zu den nächsten Bauernhöfen. Bedrohlich hoch schienen nicht wenige aufgetürmte Bretterarchen. Sie paßten gar nicht in die gute Stimmung des Handwerkers. Es war schon dunkel, als er an diesen Ungetümern vorbei die Stiegen hinaufging. Aber drinnen saß die Sägewerkers Familie gerade bei der Abendsuppe. Urgroßvater nahm auf die Einladung der Hausfrau Platz und ließ sich schließlich anstandshalber zu einem Teller Brotsuppe mit Pellkartoffeln nötigen, ja er tauchte danach auch noch seinen Löffel in die gemeinsame Sauermilchschüssel.

Auch in diesem Haus konnte der Schuhmacher seinen Triumph, den Erfolg seiner zur vollen Zufriedenheit ausgefallenen Arbeit auskosten. Der Sägewerker hatte gleichfalls einen lukrativen Tag gehabt, weil er nämlich eine der riesigen Bretterarchen, prächtige Buchenhölzer einem am Vormittag dagewesenen Holländer mit einem ansehnlichen Gewinn verkauft hatte. Der Holzer nannte freilich keine Zahlen. Aber am öfteren Streicheln seines Bartes konnte man seine Hochstimmung ablesen. Mit dem Meister Friedrich, seinem hochangesehenen Schuhkünstler, gedachte er jedoch seine Freude über den augenblicklichen Geschäftserfolg zu teilen, nach dem Motto: Geteilte Freude ist doppelte Freude. Er war ihm nämlich genau richtig ins Haus geschneit gekommen. Mit seiner Lina konnte er bei solchen Gelegenheiten nichts anfangen, mit der Frau, der das Haushaltsgeld sowieso das ganze Jahr nicht ausreichte. Es waren nur zwei von fünf Kindern übrig geblieben — die anderen starben in ganz jungen Jahren — und das Geld reichte ihr dennoch hinten und vorne nicht. Sie verplemperte die Thaler. Die Lina durfte also von einem gelegentlichen Glücksfall bei gestiegenen Holzpreisen nichts erfahren. Sonst hätte sie sich nur wieder unmäßig im Geldausgeben austoben wollen. Also hieß es: "das Weib kurz halten". Der Hausherr bezahlte die Rechnung für die Lieferung meinem Urgroßvater im nahen Gasthaus, und dazu noch ein Vesper. Mein Vorfahre war mäßig im Essen und Trinken. Er langte nicht einfach zu, weil es ihn etwa nichts kostete. Er blieb diesmal eine Weile länger als beabsichtigt auf seinem Stuhl sitzen und ergötzte sich an der guten Laune des Geschäftsfreundes. Das Heimkehren wollte er aber nicht zu lange hinausschieben, weil er doch die Küchle vom Martinshof Weib und Kindern präsentieren wollte. So hatte er vom Wirtshaus Abschied genommen, bevor der andere ans Heimgehen dachte.

Es war eine helle Mondnacht. Beflügelt zog der Mann dahin. Er hatte gute Einnahmen in der Tasche und die mündliche Zusicherung eines ebenfalls im "Hirsch" angetroffenen Kunden, daß er demnächst mit dem Fuhrwerk zum Bader ins Städtle müsse, auch seinen Nachbarn mitnähme. Dann wollten sie beide sich die neuesten Sonntagsschuhe aus Boxkalf anmessen lassen. Durch diesen und andere Aufträge war also die Werkstatt mit den drei Gesellen und ebensovielen Lehrlingen für die kommenden Wochen ausgelastet. Solange Urgroßvater zwischen den erntegereiften Feldern dahinschritt, war es so hell, daß er aus zwanzig Metern Entfernung noch einen Junghirsch von einem Rehbock unterscheiden konnte. Der Mann hatte sein Freude an dieserlei Begegnung mit dem Wild. Fuchs und Has' jagten ungeniert an jenem späten Abend am Waldessaum. Der einsame Wanderer war eine halbe Fußstunde vom Dorfrand entfernt, auf holperigem Weg durch den dunklen Wald. Er war sich den Unterschied zwischen der vorherigen Nachthelle und dem Stockdunkel beim Abstieg noch nicht recht gewahr. Da wurde er von derber Hand angegriffen. Von hinten her und mit Gewalt auf die Erde gedrückt. Es müssen wahrscheinlich zwei Räuber gewesen sein. Einer verschloß dem Angegriffenen den Mund, der andere leerte ihm vollständig die Taschen. Doch nicht genug der Qualen, er wurde auch noch verprügelt, daß ihm alle Knochen weh taten. Nachdem das Geld weggenommen war, wurden dem Handwerker auch noch die Kleider geplündert. Ein Stück nach dem anderen vom Sonntagsanzug. Auch wurden die Schmerzen immer unerträglicher. Nur noch ganz vage bemerkte er das Entfernen der bärenstarken Unholde und vernahm ein höhnisches Lachen.Dann war Ruhe im dunklen Wald. Trotz der Sommernacht fühlte er sich durchfroren, konnte fast kein Glied rühren, es schienen die Füße wie abgeschlagen. "Wie komme ich aus dieser Finsternis heraus? Herr Gott und Vater, schenke mir ein bißchen Kraft" Nur mit dem Hemd bekleidet lag der Mann auf der holperigen Strecke. Irgendwie muß er für eine Weile eingedöst sein. Ein winziges Stück Helle vom Mond traf den Geschändeten. Am Baumwurzelwerk zog er sich vom Boden weg zu ein paar Schritten Entfernung. Die Schmerzen hatten mit der Bewegung etwas nachgelassen. Dann ging es rascher, Schritt für Schritt. Aber eine neue Sorge beschlich ihn: "Wie werden die Leute Maul und Augen aufsperren, wenn ich als Hemdglonker ins Städtle heimkehre?" Doch die Nacht war gewissermaßen tröstlich.

Nach einem unruhigen Schlaf war die Mutter nach Mitternacht aufgewacht. Der Mann war nicht heimgekehrt. "Er ist doch kein Wirtshaushocker, nein, nein, das ist mein Frieder nicht". Und sie weckte ihren Zwölfjährigen. Der Phillipp wurde von der Angst getrieben. Die Talauen waren voll Wasser nach der langen Regenperiode. So mußte er gleich nach der Stadt zahlreiche Flußausläufer überqueren, es war ihm gleichgültig. Er hatte bald den Hohlweg erreichen können. Doch wie erschrak der Junge: Sein Vater traf leichenblaß und fast unbekleidet in der Talsenke mit ihm zusammen. Er brauchte nicht zu sprechen, was ihm äußerst schwergefallen wäre, sein Sohn wußte nach dem Aussehen genug. Was er an Kleidung erübrigen konnte, gab der Junge seinem Vater. Phillipp vermied es, die verwässerten Talauen nocheinmal zu passieren und kam auf dem kürzesten Weg über den Berg zuhause an, damit sein Vater mit Bekleidung heimkehren könne. Derweil hatte dieser ihn auf einem überdachten Holzhaufen unweit einer alten Sägemühle erwartet. Er war so dankbar, den Überfall einigermaßen unbeschadet überlebt zu haben. Den materiellen Verlust wollte er durch Fleiß wieder hereinschaffen.

Als er dem Landjäger vom Überfall und vom Verlust an Kleidung und Lebensunterhalt berichtet, den Hergang ausführlich geschildert hatte, war der Frieder davon überzeugt, daß ihm die Räuber bereits in der Wirtschaft aufgelauert, das Einstecken des Geldes sich gemerkt hatten. Erst später wurde ihm in ruhiger Stunde klar, weshalb ihn beim Anblick der Bretterarchen in der angebrochenen Dunkelheit eine gewisse Unruhe beschlichen hatte. Es war also doch eine Vorahnung von nichts Gutem gewesen, von irgendetwas Unheilvollem, das in der Luft gelegen hatte. Vielleicht hatte sich sogar einer der Burschen hinter den ins Dämmerige gehüllten Archen versteckt gehabt. Wer weiß?

Mein Großvater erzählte, daß sein Vater seinerzeit jedem Familienangehörigen strikt verboten habe, sein Mißgeschick an jedermann weiterzuerzählen. Es genügte ihm, die Sache den Hütern der öffentlichen Ordnung vorgetragen zu haben.: "die sollen gucken, daß sie die Kerle erwischen!" – Es schien aber mit der Zeit Gras darüber gewachsen zu sein. Das Fahnden schien vergeblich. – Großvater Phillipp – er war einen Kopf größer als sein Vater, als er vor der Gesellenprüfung stand – konnte schweigen, aber das feige Vorgehen nicht vergessen. Er war eigentlich immer auf der Lauer, eine Spur von den Räubern zu entdecken.

Als Jungturner war er einmal mit seiner Riege nach einem Festbesuch auf ein Glas Bier in der "Linde" eingekehrt. Es war später am Abend, als sich die anderen darüber wunderten, daß er sich beim Nachhausegehen, ihnen nicht anschließen wollte. Denn, als die Turner sich zum Gehen angeschickt hatten, waren nur noch zwei andere Gäste in der Wirtsstube. Die Wirtin, so hatte Großvater bemerkt, wollte den beiden verkommenen Gestalten nichts mehr zum Trinken vorsetzen. Sie traute ihnen nicht. Zuerst sollen sie ihren bisherigen Verzehr bezahlen, sagte die Frau geradeaus. Kein Wunder, einer wie der andere steckte auschließlich in Lumpen, und ihre Gesichter weckten auch kein Vertrauen. Großvater hatte bereits zuvor aus etlichen Gesprächsfetzen entnommen, daß sie keiner ehrlichen Arbeit nachgingen. "Im Wald übernachten", morgens wollten sie sich in Hochstetten umsehen, soviel drang an Großvaters Ohr. Als er dann noch das Wörtchen "Überfall" hörte, dann konnte er der Unterhaltung mit seinen Kameraden und erst recht nicht deren Aufbruch folgen. Stattdessen gab er der Wirtin einen Wink.

Sie stellte den Rumtreibern doch noch ein Glas Bier hin. Derweil rannte der Phillipp mit seinen langen Beinen zur Polizeiwache im Turm. Der Nachtwächter und der Polizeidiener begleiteten den jungen Mann zurück in die Wirtschaft. Von hier aus wurden die Landstreicher in den Arrest gesteckt. Erst, nachdem sie sich fast zu Tode gehungert hatten – man brachte ihnen weder Wasser noch Brot – machten sie ihre Geständnisse. Sie hatten tasächlich den Angriff auf meinen Urgroßvater auf dem Kerbholz, es waren also die langgesuchten Räuber. Sie bekamen danach ihre verdienten Strafen, denn die weiteren Vernehmungen brachten einen ganzen Rattenschwanz voll Untaten ans Tageslicht. Es handelte sich um Taugenichtse aus dem flachen Land. Sie hatten sich, wie eingestanden, eine Gegend mit viel Wald herausgesucht, wo man sie nicht so leicht fassen konnte. Mein hellhöriger Großvater Phillipp hatte in jener Nacht, nachdem er die Verbrecher im Wirtshaus aufspüren konnte, lange kein Auge zugemacht! Er war in der Seele aufgewühlt, zugleich aber auch befriedigt. Nach dem Nachtwächterlied war er aber bald eingeschlafen. Der alte Mann machte am Haus seiner Eltern eine besonders lange Pause beim Rundgang durchs Städtle. Der Weißhaarige ließ sich an jener Stelle Zeit. So ließ er nach eigener bewährter Melodie erschallen: "Höret, was ich euch jetzt sag – ein Uhr ist der Stundenschlag. – Nimm die Stunde wohl in acht – wirke Gutes, denn die Nacht – da man nicht mehr wirken kann, – kommt, und rückt oft schnell heran! – Sei die Nacht auch noch so dunkel – oben wacht der Himmelsstern. – Prangend stehts im Lichtgefunkel – ewig nah und ewig fern. – Denket doch ihr Menschenkinder – auch an eurem Todestag. – Denket doch ihr frechen Sünder – an den letzten Stundenschlag! Aus der Nacht verborgnem Schoß – macht der böse Feind sich los, – schleicht mit leisen Mörderschritten – um der Menschenkinder Hütten. – Böser Feind – hast keine Macht – denn der Gott im Himmel wacht."

Vater Frieder, der über Monate hinweg nach dem bösen

Schreck im Walde gekränkelt hatte, vernahm den Nachtgesang. Er liebte Rache nicht. Doch konnte er seinem Sohn nicht verübeln, Spitzbuben nicht laufen zu lassen. "Er hot recht ghet, dr Philipp, mei Muader haot mr scho als Bua gsait: zua guat, isch a Stückle von dr Liederlichkeit".

Die Geschichte vom "Überfall" habe ich den Kindern mit einer Fortsetzung angeboten. Beim letzten Teil hat sich zuguterletzt der 15-jährige Heiko dazugesellt. "Hoffentlich haben die Schurken eine entsprechende Strafe aufgebrummt bekommen. Dein Großvater imponiert mir, der hatte Schneid. Den hätte ich gerne kennengelernt", kommentierte der Junge. Er wäre jetzt 132 Jahre alt, wenn er nicht 1928 gestorben wäre.

Weitsicht statt Einengung

Ja, ja, mein Großvater... Er war zu seiner Zeit gewiß nicht nur ein guter, sondern auch ein mutiger junger Mensch. Aber die immerwährende Sorge um seine Familie hatte später die erforderliche Weitsicht eingeengt. "Ein rechter Mann sucht sich eine Frau in der Küche heraus." So dirigierte er die eigene Tochter, zum späteren Leidwesen. Deren weitere Begabungen ließen sie manchmal dazu hinreißen "hätt ich mich doch durchgesetzt und die Chance nicht verpaßt. Doch der Vater..." Die Zeiten aber sind anders geworden und mit ihnen die Väter.

Auch verständnisvolle Mütter können Töchtern zum erfolgversprechenden Berufsweg helfen. Ich hatte eine solche. Dafür bin ich ihr über den Tod hinaus dankbar. Wie ich selbst von meiner Mutter gelernt habe, Geschäft, Haushalt und Kindererziehung zu bewältigen, so übertrug sich die Beherrschung dieser Kombination mithin auf meine Töchter.

Traumhaft

Als ich eines Tages mit dem Eilzug aus der bayrischen Hauptstadt hinausgefahren war, merkte ich, daß ich nur mein Gepäck, nicht aber die neueste Tageszeitung mitgenommen hatte. Das Abteil war ziemlich leer, und die Reise in den westlichen Süden dauerte mehr als einen halben Tag. Ein Buch mitzunehmen, würde das Gewicht des Koffers belasten – und meine Knochen erst recht. Eigentlich sind es die Gelenke, die mir Rücksichten aufdrängen, seit dem ersten Jahr meines Großmutter-Daseins. Die Oma-Bezeichnung gefällt mir nicht. Aber ich kann ihnen deshalb nicht den Mund verbieten. So bin ich bei meinen fünf Enkelkindern die "Omi", die "Oma" und die "Nanna". Meine Eltern waren nämlich bei meiner und meiner Geschwister Geburt so knauserig und gaben jedem nur einen einzigen Vornamen. Das ist jetzt bei mir mit der dreifachen Ahnenbezeichnung wettgemacht...

Ich freute mich auf den Augenblick des Wiedersehens nach der Einfahrt in den Freiburger Bahnhof. Der halbe Wagen blieb lange Zeit unbesetzt. Die Fahrgäste blieben auf dieser Strecke nie lange. Die meisten stiegen schon im Allgäu aus, und die Neuen wechselten allemal ununterbrochen. So war also mit keinem dauerhaften Gesprächspartner zu rechnen. Die interessantesten Teilstrecken wollte ich richtig genießen: ein Stück Donautal, den südlichen Schwarzwald, den Hirschsprung. – Die Schwüle des Tages machte müde. Ich lehnte mich behaglich zurück und überlegte, welches Märchen ich dem dortigen ABC-Schützen vorsetzen sollte. Das Erzählen liegt deshalb am nächsten, weil ich wegen Gehbeschwerden mit den Kindern keine großen Sprünge unternehmen kann. Im besten Fall kann ich mich mit ihnen in den Rheinauen im Langsamlauf hervortun. Dies hält so ein wuseliger Bub keine halbe Stunde durch, dann hüpft er über Stock und Stein, die Oma einen halben Kilometer hintendrein. Man kann ja auch nicht immer Spiele machen.

Vor dem Einschlafen im Zugabteil versuchte ich "Rübezahl" zu rekonstruieren. Das wäre eigentlich, so dachte ich, etwas für den kleinen Burschen. Aber seine vierzehnjährige Schwester könnte diese Geschichte doch noch besser kennen...; Reinhild würde schließlich bei den Handlungen des Berggeistes vom Riesengebirge eingreifen müssen. Und ich hätte meinen Ruf als "perfekte" Märchenerzählerin ein für allemal verloren — vielleicht. So wurde mir klar, daß ich etwas ganz Eigenes auftischen müsse. Die Frage beschäftigte mich bereits im Halbschlaf, nachdem ich mich ins Polster zurückgelehnt hatte. Nur ein Viertelstüdchen sollte mein Unterwegsschlaf dauern. Dann verschlief ich die schönsten Landschaftsteile, die der Zug durchfuhr, die schroffen Felsen im Donautal, das Höllental und den Hirschsprung, und noch viel mehr. Erst eine Viertelstunde vor der Endstation erwachte ich durch viele Kinderstimmen. Eine Schulklasse hatte auf ihrem kleinen Ausflug das letzte Stück nicht zu Fuß, sondern mit der Eisenbahn zurückgelegt. So eine Fahrt, mag sie noch so kurz sein, war schon immer ein Ereignis. Mir war gerade noch so viel Zeit verblieben, mein Traumerleben in Stichworten einzuheimsen. Am Bahnsteig wurde ich von der Tochter erwartet. "Hattest Du eine schöne Fahrt, durch den südlichen Schwarzwald zu fahren, gehört doch zu deinen höchsten Erlebnissen, wenn du zu uns kommst?" Der Antwort wurde ich enthoben, weil in diesem Augenblick die Begleiterin der Schulklasse, eine Kollegin der Tochter auf uns zukam.

Bevor ich im Zug mein Nachmittagsnickerchen machte, beließ ich seinerzeit meine Gedanken in dem heimischen Waldstreifen. An jener Stelle, die man nur zu Fuß erreichen konnte. Ich hatte mir auf dieser Eisenbahnfahrt vorgenommen, den Waldgraben aufzusuchen, sobald ich über längere Zeit wieder einmal schmerzfrei sein sollte. Jetzt müßten doch die Heidelbeeren reif sein. Und ich wollte schon lange wieder über die Lichtung gehen, wo etwa über einen Meter hinweg der Boden schwankt. Ob er überhaupt noch nachgibt, ob nicht der ganze Weg inzwischen überwachsen, also gar keiner mehr vorhanden ist? Wer weiß? In jenen Jahren, als ich mit den gerade erwachsenen Töchtern darüber schritt, belächelten jene die Blüte meiner Phantasie. "Ob nicht genau unter dieser Schwankung ein Hohlraum ist, ein unentdeckter?" Die darüber hingegangenen Jahre ließen mich das schwankende Erdbodenstück im Heimatwald fast vergessen. Erst in der letzten Zeit, wo ich das Baden in einer warmen Quelle als Rettung meiner Glieder weiß, geht mein Sinnen zuweilen zum Waldgraben. Der wurde auch Ausgangspunkt dieses meines Tagtraums.

Unterirdisch

Im Eindösen nährte ich die Hoffnung, daß ich demnächst, wenn die größeren Enkel zu Besuch kämen, die Stelle aufzeigen würde, falls sie noch zu finden wäre. Doch, das werden wir zusammen unternehmen, mögen auch sie darüber lächeln oder nicht! Vielleicht wären jene Phantastereien eher zugeneigt, als einst ihre Mütter? Oder vertreten sie dann deren Meinung, daß das Schwanken dieses Stückchens Erdoberfläche von ausladenden Baumwurzeln herrührt, also nichts zu sagen hat? Mir aber hatte es nicht wenig zu sagen. Traumhaft ist dies vor sich gegangen. Die mit Phantasie vermengte Stichwortsammlung will ich beim nächstenmal als fertiges Produkt eines, sagen wir Hirngespinstes, "an den Mann" bringen:

Was weiß ich, durch welchen Umstand sich die Erde für mich aufgetan hat. Aus der Lichtung im Walde kommend fühlte ich mich zunächst in düsterem Dunkel. Da war ich nun in einem etwa zwei Meter hohen mit Buntsandsteinwänden verkleideten Raum. Von hier aus gingen finstere Gänge ins Erdreich hinein. Merkwürdigerweise hatte ich überhaupt keine Angst, auch nicht, als ich mich auf einem solchen Gang umsehen wollte. Schon beim ersten Schritt war er beleuchtet, ohne daß ich irgendwo eine Brennstelle feststellen konnte. Je weiter ich in diesenm unterirdischen Gewölbe vorwärtsschritt, desto mehr und weiter verlängerte sich der Lichtstreifen. Auf einmal meinte ich genug davon erkundet zu haben und machte kehrt.

Lautlose Finsternis

Und hinter mir ging das Licht aus, schrittweise wie es anging beim Vorwärtsgehen. Lautlose Finsternis umgab mich wieder. "Das kann doch nicht alles sein" dachte ich gelassen. So setzte ich meine Füße auch auf die weiteren sechs Unterführungen. Sie schienen rund um den eigentlichen Raum strahlenförmig angelegt zu sein. Als ich gerade am Ende des siebenten Hohlwegs angekommen, das Licht für einen Augenblick erloschen schien, hörte ich von der anderen Richtung Schritte eines Menschen. Der Rückzug schien wie abgeschnitten, und es tat sich vor mir eine kugelförmige Kemenate auf. Sie schien von unsichtbaren Kerzen erhellt, Decke und Wände mit Bast bespannt. Unter der mir gegenüber befindlichen Öffnung stand eine hochgewachsene Frau in einem langen Gewand. "Du warst durch alle sieben Gänge hindurch so tapfer, nun wirst du dich hoffentlich vor mir nicht fürchten" hörte ich die freundliche Stimme sagen. Dann bot sie mir einen Hocker an, und sie selbst setzte sich mir gegenüber. "Dein Gefühl, daß unter dem schwankenden Waldboden irgendetwas Eigenartiges bestehen müsse, hat dich nicht betrogen. Das kann auch nur einem Sonntagskind passieren. Nicht wahr, du bist eines?" Ich nickte, weil ich in diesem Augenblick nicht sprechen konnte, obgleich ich ganz und gar nicht von Angst befallen war. "Meinen Namen würde ich dir nicht nennen, falls du mich danach fragen möchtest, ebensowenig mein Alter." Als ich endlich meine Stimmbänder in Bewegung setzen und nach der Lebensweise der großen Frau fragen wollte, fiel sie schon nach den ersten paar Worten ein: Kein Sterbenswörtchen.

"Seit Jahr und Tag lebe ich hier in diesen unterirdischen Gemächern. Ein junges Mädchen und ein junger Mann sind zuweilen meine Besucher. Der Mann ist querschnittsgelähmt und das Mädchen hilft ihm beim Bad in der heißen Quelle. Durch die beiden jungen Menschen werde ich stets auf dem laufenden gehalten. Es interessiert mich doch, wie sich meine Stadt entwickelt hat. Ich bin das Fräulein vom Schloß, das vor hundert und aber hundert Jahren spurlos verschwand. Eigentlich habe ich dir schon zuviel verraten. Doch bin ich gewiß, daß Du keinem Menschen ein Sterbenswörtchen von mir und meinem Ort erzählen wirst. Komm folge mir!" Das tat ich nur zu gern, denn ich hoffte, zur Quelle zu gelangen. Auch hier war alles in Licht getaucht. Die weiße Frau hieß mich entkleiden und ins Wasserbecken steigen. Bereits nach kurzer Zeit, es mögen zehn Minuten vergangen sein, spürte ich Wohlbehagen. Die Schmerzen waren wie weggeblasen. Als ich der Quelle entstieg, hätte ich am liebsten diesen Gesundbrunnen umtanzt und die Frau umarmt. Aber sie war inzwischen verschwunden. Zuvor hatte sie mir so ganz beiläufig gesagt, daß sie mich immer wieder erwarten werde. Es habe ihr gefallen, daß ich unverdrossen und mit Mut den Weg zu ihr gegangen sei. Ich wollte noch erwidern, daß ich bald wiederkehren werde, da entschwand sie.

Anderwärts aufgelesen

Waldvögelein

Die schwarzgekleidete Kundin am Anzeigenschalter wollte nur einen kurzen Text anläßlich dem Tod ihres Brotherrn aufgeben. Die hinter ihr eingetretene Frau nahm die Haushälterin des Verstorbenen gleich in Beschlag. "Wia alt isch er denn worda, dar Herr Völler?" Darauf: "Beinoh neinzig, deshalb mecht i gwiß koe große Sach draus macha." Es wurden Musteranzeigen vorgelegt, dabei bedeutet, daß es sich hier immerhin um eine Persönlickeit handle mit sehr gutem Ruf, da müsse man mit einem größeren Raum rechnen. "Aber so an alter Ma!", wurde eingewendet. Die andere Kundin, die aus purer Neugier behilflich sein wollte, meinte, daß der Verstorbene ganz gewiß nicht für Angeberei gewesen sei. Und besah sich die vorgelegten Aufmachungen und Texte von Todesanzeigen. Sie vertiefte sich derart darin, daß sie ihr eigenes Vorhaben vergaß. Erst, als sie mit der Familie am Ferienort am Bodensee saß, fiel ihr später das Versäumnis ein, die Zeitung an den Urlaubsort nachsenden zu lassen. "Gucket se, Frau Beer, do läßt oene neidrukka "Mein herzensguter, vielgeliebter Mann." Wia doch manchsmol gloga wird! Grad der isch noch Strich ond Fada nebanaus ganga... Sie Freilein, hent Sia des net gwißt?" Die Angesprochene schien das Gestichel überhört zu haben, sie hatte inzwischen einen Vorschlag zurechtgelegt und auch das erforderliche Maß veranschlagt. "I hoff, daß selle Rechnong net zua hoch wird, denn der Ma hot zletschta älle Wehla geht, hot fast nix mehr gseha ond ghört." Schließlich zeigte sich die bisherige Haushälterin mit den Vorschlägen einverstanden. Freilich erst, nachdem ihr klargemacht wurde, daß sie das eigene Prestige herabsetze, wenn sie diesen Todesfall so putzig verkünden wolle.

Die beiden Söhne hatten etliche Jahre zuvor den väterlichen Betrieb übernommen, inzwischen allerdings Gelegenheit gehabt, eine mittlere Fabrik derselben Branche an einem anderen Ort günstig mitzuübernehmen. Erst kurz vor des Vaters Tod wurde das elterliche Wohn- und Betriebsgebäude veräußert und die kleine Villa am Hang erworben. Die Brüder beschlossen, künftig auch weiterhin hier mit ihren Familien Ferien zu machen, damit sie jederzeit mit dem Schwarzwald und der Stadt ihrer Jugend verbunden blieben. Frau Beer, ihres Vaters Haushälterin versprach, das Haus instandzuhalten und auch den Nachkommen der Familie während ihrer künftigen Aufenthalte jeweils behilflich zu sein. Sie war über das Versprechen, die Kleinwohnung für sich selbst behalten zu dürfen, hocherfreut.

Das fertige Nest

Zum schweren Leben des Bernhard Völler gehörte nicht allein der Kriegseinsatz und seine Folgen. Von "Tapferkeit", so wurde in einem Nachruf der Heimatzeitung berichtet; er bewies sie gleichwohl im Berufs- und Privatleben. Seine Jugendzeit, mit Unterbrechungen zum Kennenlernen anderer Betriebe, verbrachte er hauptsächlich in seinem Heimatstädtchen. Seine freien Stunden gehörten der Turnerei und dem Gesang. Das Wandern in der schönen Landschaft war ein Teil seiner sorglosen Jugend. Er betrieb in dritter Generation die Seifenfabrik im Städtchen. Weil er das einzige Kind seiner Eltern war, hatte er keine Miterben auszuzahlen gehabt. So war sein Beginn als Chef des Fünfmannbetriebs relativ nicht schwierig. "Es war ganz selten," so erzählte später einmal das frühere Hausmädchen Marie, "daß mein Herr üble Laune gehabt hat". Und weiter "Du bist für mich halt die Allerbeste, wenn du meine Lieblingsspeise gekocht hast". Weil nämlich seine Frau eine weniger glückliche Hand am Kochherd bewies, wurde mit der Zeit alles, was mit der Zubereitung von Speisen zusammenhing, der guten Marie überlassen. Da konnte es öfters vorkommen, daß im Verlauf eines Rollenwechsels die Madame mit dem Putzeimer herumhantierte, während sie Marie die ganze Verantwortung für Küche und Keller mit Vergnügen überließ. Das waren noch Zeiten im Land! Die Haushaltskasse war stets großzügig beschickt, und die treue Marie-Seele gab nie Anlaß zu Mißtrauen. Frau Völler besuchte ihre Singstunden regelmäßig im Gemischten Chor, und brachte es mit ihrem Mezzosopran zur Solistin bei besonderen Anlässen. Das dreigeschossige Geschäftshaus an der Hauptstraße, und der Garten am Rande der Stadt war ein weites Arbeitsfeld. Beim Putzen konnte Adelheid so viel sie wollte, ihren Gedanken nachhängen. Beim Fensterblankmachen nickte sie oft und gern auf einen Gruß von vorüberkommenden Leuten. Die strohblonde Frau aus dem Hotzenwald wurde nicht übersehen. Sie war eigentlich immer in froher Stimmung, sich der Ausstrahlung ihrer sympathischen Erscheinung wohlbewußt. Mit zweiundzwanzig Jahren hatte sie Bernhard kennengelernt. Und bald darauf geheiratet. Mit "ins fertige Nescht nei" — neideten ihr die Gleichaltrigen der kleinen Stadt den Rang. "Warum der Bernhard Völler just die Strohhutmacherin sich als Partnerin hergeholt hat?" Adelheid hat es selbst mitangehört, als sie im Garten am Salatbeet arbeitete. Über das Gespräch zwischen zwei Müttern von heiratsfähigen Töchtern hatte sie sich am Abend in der guten Stube recht lustig gemacht. Adelheid nahm das Leben überhaupt von der leichteren Seite. In der Werstatt, die zugleich daheim auf dem Wald gute Stube war, hatte sie oft mit dem Großvater gesungen. Dabei floß die Arbeit munter fort: der Ähne verarbeitete die von der kleinen Adelheid geflochtenen Strohzöpfe zu Hausschuhen. Das Mitarbeiten war damals, als sie erst vier Jahre alt war, in ihrem alten Haus mit dem herunterhängenden Dach, eine Selbstverständlichkeit. Das Strohgeflecht gehörte zur Hausindustrie, so hatten die Leute auf dem armen Boden doch immer Brot im Haus. Siebenjährig mußte sie ihren Großvater verlassen. Vater und Mutter hatten nun endlich geheiratet und das gemeinsame Kind in ihre Hütte geholt. "Dös war aber gar kein guater Tausch", so erzählte das Mädchen später unter Freundinnen. Auf die Frage "Wieso denn?" hätte sie am liebsten gar nicht geantwortet. Im Umgang mit ihrer Gespielin waren diese andern an eine fröhliche Art gewöhnt, keinesfalls an Verstocktheit. Gescheiterweise drangen sie nicht nach einer sofortigen Antwort, sondern warteten ab, bis Adelheid von selber über die veränderten Familienverhältnisse sprechen würde. Und so war eines Tages zu erfahren, daß das Mädchen eine herrschsüchtige Mutter hatte. Sie war so ganz anders als deren Vater, der Strohschuhmacher. Das Kind hatte bei ihm in einer wunderbaren Idylle des südlicheren Schwarzwalds gelebt, harmonisch ging es zu, ohne Zank und Streit.

Danach die Disharmonie

Emmi, Adelheids Mutter, war einem Bauerssohn zugetan. Sie wollten einander heiraten. Er wollte warten und als Knecht dienen, damit er das heimatliche Gütle von den Eltern übernehmen könnte. So platzte die Geburt Adelheids mitten in das Warten hinein. Sie empfand von der ersten Stunde an keine Zuneigung zu ihrem Kind. Als ob es an seiner Existenz schuldig gewesen wäre! Die inzwischen verstorbene Großmutter konnte die Vernachlässigung seitens ihrer eigenen Tochter gegenüber dem Kind nicht mehr mitansehen. So kam es dazu, daß sich die Emmi als Magd verdingte, von daheim wegzog und sich lieblos vom Kind abwandte. Als die Jahre herum waren und Adelheids Eltern das Gütle und eine Mühle erwerben konnten, bestand der jetzige Müller auf das Heimnehmen von Adelheid. Zeitlebens hatte sie das Leben mit dieser zänkischen Mutter nicht vergessen. Man konnte ihr überhaupt nichts recht machen. Bitterböse Worte schüttete sie wegen eines geringen Anlasses über das arme Mädchen. Deren Existenz ließ sie bei jeder Gelegenheit büßen. Es war ein Glück, daß der Vater seine Frau um einige Jahre überlebte. Adelheid hatte ihm noch die Wirtschaft geführt, ehe sie sich mit dem Seifenfabrikanten aus dem nördlichen Schwarzwald verlobt hatte.

Es ist gut, daß sich im späteren Leben Erinnerungen an eine schöne Zeit weit stärker festkrallen, als das Böse. Adelheid hatte sich vorgenommen, ihren Kindern ein liebevolles Zuhause zu bieten. Der Gedanke an die an sich selbst aufgewandte kümmerliche Mütterlichkeit war ein geradezu abschreckender Maßstab, ein böses Beispiel. Adelheids Zwillingsbuben wurden als Wunschkinder behandelt, bis sie Gymnasiasten waren. "Nein, ich werde gewiß einmal keine Rabenmutter sein", so nahm es sich die junge Frau vor. Das einstige Strohflechterkind, aus "Versehen" zur Welt gekommen, wußte die durch die Heirat gegebenen guten Verhältnisse wohl zu schätzen. Es verband sie zwar mit dem etwas älteren Bernhard Völler nicht gerade die ganz große Liebe. Sie war sich jedoch klar darüber, daß sie im Vergleich zu anderen jungen Frauen und das harte Leben zuhause, das große Los gezogen hatte.

Als im zweiten Weltkrieg überall die Männer eingezogen waren, fühlte sie erstmals Heimweh nach dem Hotzenwald. Der Ähne hatte ihr früher, beim Strohschuhmachen erzählt, durch wieviel Elend die Leute vor hundert und zweihundert Jahren in jenem Heimatgebiet gehen mußten: Hinrichtungen mit Köpfe-Abhauen bei österreichisch-ungarischen Belagerungen. "Schrecklich muaß es zuaganga sei, aber jetzt... Was wird aus onsere Männer?" Der Bernhard war zuerst in der Bretagne eingesetzt. "In Frankreich täts ehm ganz guat gfalla, wenn die blöd Schiaßerei net wär." So wußte Adelheid der Nachbarin über den Gartenzaun hinüber zu erzählen. Auch, daß sie sich auf den angekündigten Heimaturlaub ihres Mannes freue. Er kam, die Buben verfolgten ihn auf Schrit und Tritt, für die Mutter kam der letzte Urlaubstag gleichfalls viel zu schnell heran. — Dann folgte der Rußlandfeldzug, und lange Wochen ohne Post von Bernhard. Sie wußte ihn bei der Schlacht von Stalingrad. Nach den Abendnachrichten wurde sie von der Vorstellung eines Verlustes unentwegt befallen. "Ist er von einer Kugel getroffa worda? Oder hot er vielleicht an Fuaß verlora?" Nein, einen Krüppel als Mann konnte sich die wohlgestaltete Gattin nicht vorstellen. Derweil hatte sie die Krautsetzlinge in den Boden gebracht.

Das Leben ging weiter. Nach vielen Wochen bekam sie einen Feldpostbrief. Der Bettnachbar hatte im Auftrag ihres Mannes geschrieben, daß er selbst schwer verwundet in einem Lazarett liege. Sie brauche aber keine Angst um ihn zu haben. Adelheid mußte eine weitere längere Zeit warten. Sie erkundigte sich nach den Zügen und hoffte auf ein baldiges Wiedersehen. Es gelang ihr die Fahrt an die ostdeutsche Grenze. "Im Krautgarten war es also keine Sinnestäuschung, vielmehr die Vorstellung eines körperlichen Verlustes. Hoffentlich war es nur unnötige Angst, so sagte sich Adelheid, nachdem ein kurzes Eindösen im fahrenden Zug sie von plagenden Gedanken erlöst hatte. Das Paar war zunächst im Lazarett offenbar glücklich, einander wiederzusehen. Schußwunden an Brust und Armen waren fast zugeheilt. Bernhard aber zögerte, die Bettdecke von seiner unteren Körperhälfte beiseitezuschieben. Ein Bein, vom Oberschenkel ab, hatte amputiert werden müssen.

Es brauchte ihrerseits den letzten Rest von Selbstbeherrschung, sich den tiefen Schrecken nicht anmerken zu lassen. Davor hatte der Unteroffizier Völler gebangt. Seine Frau reiste am selben Tag wieder heim. "Es ist zum erstenmal im gemeinsamen Leben", dachte Bernhard, daß sie mich enttäuscht hat. "Vielleicht habe ich auch allzuviel Mitleid erwartet". Der Nachbar zu seiner Rechten, ein Berliner, prophezeite: "Ick nehme an, daß die bald 'nen andern hat". Bernhards Schmerzen hatten sich währenddessen verschlimmert. Er war außerstande, Stellung zu nehmen. Aber später weinte er in sein Kopfkissen hinein.

Die mageren Jahre

Adelheid hatte sich anscheinend beruhigt. Sie schrieb in kurzen Zeilen, daß die Buben schon wieder einen neuen Aushilfslehrer hatten, weil der letzte gerade aus dem Seminar entlassene Pädagoge aufs Schlachtfeld geholt worden sei. Das Essen sei jetzt knapp geworden, alle Zutaten nur mit Marken oder gegen Wertgegenstände zu erhalten. Zwei Arbeiter aus der Seifenfabrik seien in Rußland gefallen. Es fehlte in den Briefen jedes Zeichen des Mitleidens. "Lohnt es sich überhaupt, gesund zu werden", fragte sich der Verwundete. Seine Genesung konnte und wollte er nicht im Lazarett abwarten. Voll Ungeduld erwartete er die Entlassung. Adelheid hatte sich mit der Zeit daran gewöhnt, einen Kriegsversehrten neben sich zu haben. Bernhard dagegen nahm, nachdem es sein körperlicher Zustand erlaubte, Beziehungen auf, um sich nach Kriegsende am wirtschaftlichen Wiederaufbau zu beteiligen. Er bemühte sich im Familienkreis kein Aufhebens von seinem Leiden zu machen. Es dauerte eine lange Zeit, bis die Narben verheilt waren. So wenig Verständnis seine Frau Adelheid indes seinem gesundheitlichen Zustand entgegenbrachte, umsomehr unterstützte sie ihn im Geschäft. So konnte sich Bernhard bald nach der Währungsstabilität an einen Erweiterungsbau wagen und die Produktion ausweiten. "Dusel heißt man das", meinte ein früherer Schulkamerad, mit dem er sich bei einem gelegentlichen Besuch seines Stammtisches traf. "Deine Frau sieht blendend aus und ist so tüchtig".

Es ließen sich kleinere Rückschläge nicht vermeiden, weil es zuweilen faule Kunden unter den Abnehmern der Waschmittelprodukte gab. Adelheid bewies auch in dieser Beziehung Geschicklichkeit genug, um Verluste auf ein Minimum zu drücken. Sie brachte die Buchhaltung in Ordnung, bald waren nach einer kurzen Krise auf der Bank wieder schwarze Zahlen erreicht. Sie ließ nicht locker, bis es soweit war, ihren Mann von Zeit zu Zeit in ein Sanatorium gehen zu lassen.

Diese Zeiten der Regeneration ließ er sich keineswegs ungern gefallen, sie waren dringend nötig. Außerdem traf er sich mit Leidensgenossen. So wurde es Bernhard bewußt, daß er nicht allein das schwere Los des kriegsbedingten körperlichen Schadens zu tragen hatte. "Freilich, der Karl, mein Zimmernachbar, hat es besser, er sieht seine Frau mitleiden, wenn er nicht schmerzfrei ist." Doch die Vernunft sagte bei seinem Selbstmitleidsdenken, daß man halt auf der Welt nicht alles haben kann. Er selbst hatte nicht allein eine tüchtige Gefährtin an seiner Seite. Seine Söhne, die beiden Gymnasiasten machten Fortschrtitte, derweil der Karl keine Kinder, stattdessen eine Frau, die ihren Mann auf Schritt und Tritt verhätschelte, hatte.

Die Liaison

"Wenn ich wieder gesund heimgekommen wäre" sagte Bernhard zu Karl im Sanatoriumspark auf einer Bank, "hätte ich es nicht weiter bringen können. Daheim läuft der Betrieb sogar ohne mich." Und so war es. Im Haushalt waltete eine Stütze zur Entlastung Adelheids. Beim Reinemachen der Wohngemächer war sie aber dabei, weil sie "ihre Gymnastik braucht". "Vilja oh Vilja, du Waldmägdelein" war eine der Melodien, die Adelheid staubtuchwedelnd bei ihrer Hausarbeit sang. An einem schönen Frühlingstag, als ein Geschäftsfreund die Chefin während des Kuraufenthalts ihres Mannes im Geschäftsbüro nicht antraf, hörte er den warmen Sopran der Frau. Er stand lauschend hinter einer Wand. Plötzlich fiel er mit seinem Bariton ein. Adelheid traf erst mit dem Duopartner auf der anderen Flurseite zusammen. Beide waren zunächst wie befangen.

"Ich war dir immer zugeneigt" sagte an diesem Abend in gutem Deutsch, Robert, der gebürtige Engländer. "daß es jedoch das Vilja-Lied war, das mein Drängen zu dir bestärkte, hatte ich mir nicht träumen lassen."

Das war der Beginn einer sogenannten Liaison im Haus Völler. Sein "Waldvöglein", wie sich Robert ausdrückte, wollte er im Ernst entführen.

Wie in Vorahnung hatte Adelheid zwei Wochen zuvor einen zuverlässigen Buchhalter eingestellt. Ihm bedeutete sie, daß sie jetzt ein paar Tage Urlaub machen werde, sie wolle bis zur Lohnabrechnung für die 15 Mitarbeiter wieder zurück sein.

Nachdem Adelheid über die vorgesehenen zehn Tage hinaus nicht zurückgekehrt, und keine Nachricht von ihr eingetroffen war, wurde vom Betrieb aus ihr Mann benachrichtigt. Auch er wartete umsonst, nachdem er seine Kur unterbrochen und heimgekehrt war, auf ein Lebenszeichen. Alle möglichen Nachforschungen blieben erfolglos. Nach einem Vierteljahr endlich kam ein Brief aus

USA... "bitte sei nicht böse, aber das Angebot war so verlockend. Ich werde wiederkommen..." "So ist meine Frau mit diesem Robert also durchgebrannt. Nein, sie braucht nicht mehr heimzukehren. Das ist einfach unverzeihlich!" Die Gedanken des Kriegsversehrten verrannten sich zunächst in Wut. Aber sich in einem Brief an sie Luft machen? "Nein!" schrie Bernhard in die Leere des großen behaglichen Wohnraums hinein. "Sie soll bleiben wo sie ist." "Nein" wiederholte er nocheinmal, weil er wegen der fehlenden Absenderadresse die Zwecklosigkeit einsah. Als bewährter Organisator war es Völler mittlerweile gelungen, die durch die Flucht seiner Frau im Geschäft entstandene Lücke mit einer guten Kraft zu füllen, ebenso in seinem Heim. Die Söhne hatten bei seiner 50 Kilometer entfernten Kusine schon seit langem ein gutes Zuhause während ihrer Ausbildung gefunden. So blieb dem Vater für mehrere Monate, bis sie wieder einmal in Ferien nach Hause kommen sollten, die Mitteilung von der Mutter Verschwinden zunächst erspart. Als sie es dennoch von Verwandten erfuhren, waren sie gewaltig schokkiert. Wie ihrem Vater ging es auch den Zwillingen: Sie meinten auch unter der Blamage zu leiden. Die Jungen kamen indes schneller darüber hinweg, als ihr Vater. Denn mit Liebe überschüttet hatten sie sich nicht empfunden, er freilich auch nicht. Aber mit zunehmendem Gefühl, daß man ihm, dem aus dem Handwerkerstand gekommenen Industriellen das Verhängnis anlaste. machte ihn noch nach den ersten Monaten leutscheu; er hatte Angst, unter die Menschen zu gehen.

Sein Selbstbewußtsein wurde indes immer mehr von außen herein gestärkt. Der Pfarrer war zum Segen des Hauses Völler geworden. Er brachte einen guten Teil dazu ein, daß das Selbstmitleid verloren ging. Auch verwies er auf Bibelstellen. Die seelische Angeschlagenheit des Mannes verlor sich mithin durch seinen vermehrten Einsatz im Betrieb. Bernhard Völlers Persönlichkeitswert hatte sich wieder vollständig erholt. Zuweilen aber kam das Erinnern zum Vorschein. "Sie zeigte doch stets ein so heiteres Gemüt" grübelte der Mann in stiller Stunde, meistens vor dem Einschlafen. Mit dem Gedanken, daß die Frau eines Tages wieder vor ihm stehen und ihn umarmen würde, fand er dann im Schlaf Vergessen, nachdem zuvor viele schlaflose Nächte vorausgegangen waren.

Anstatt einer Voranmeldung ihres Kommens, wurde, nachdem ein halbes Jahr dahingegangen war, Völler ein Einschreibbrief aus Hamburg vorgelegt. Er betraf Adelheid. Von einem Krankenhaus wurde mitgeteilt, daß Frau Völler nach einer schweren Krankheit dort gestorben sei. Wegen der Bestattung wurde um telefonischen Rückruf gebeten. In Begleitung einer der Söhne holte der Witwer seine tote Frau heim, sie wurde im Familiengrab seiner Heimatstadt beigesetzt.

Er blieb aufrecht

Nur bruchstückweise war etwas über die jüngste Vergangenheit Adelheids hernach zu erfahren.

Nach den ersten Wochen des Zusammenlebens mit Robert war es Adelheid zum schnellen Bewußtsein geworden, daß sie übereilt und an ihrem Mann sowie an den Kindern sträflich gehandelt hatte. In Tagebuchfetzen schalt sie sich flatterhaft und untreu, wie es auf der ganzen Welt keine Schlechtere gäbe. Auf der Heimreise mit dem Schiff soll dem Vernehmen nach Adelheid schwer an Malaria erkrankt worden sein. Bereits bei der Einlieferung in die Hamburger Klinik soll unter dem Pflegepersonal wenig Hoffnung auf Wiedergesundung der Frau aus dem Schwarzwald vorhanden gewesen sein.

Noch nach Jahrzehnten, einige Monate vor seinem Tod, träumte einmal Bernhard Völler von den glücklichen Tagen. Doch während der ganzen Zeit seines Witwerlebens unterdrückte er jeden Gedanken der Bedauernis. Nur vorwärtsblickend wollte er sein Schicksal meistern. Und das war ihm gelungen. Er schien zufrieden zu leben, ergeben voll Tapferkeit ins Unabänderliche. Nachdem er sich vom Betrieb zurückgezogen, daheim endlich zum Lesen eines Buches gekommen und Zeit gewonnen hatte, den großen Garten zu besorgen, fand er sein Dasein noch recht lebenswert. Einmal in der Woche besuchte er den Stammtisch und ein andermal die Singstunde. "Worom hosch net wieder gheiratet?" wollte, ehe die andern Stammtischler eintrafen, die Wirtin vom "Goldenen Lamm" wissen. Bernhard sagte eine Weile gar nichts. Dann aber gestand er, daß er früher manchen Anlauf dazu genommen, aber jedesmal den Gedanken daran wieder aufgegeben habe. "So wia die Adelheid gwesa isch, so gibts net wieder oene." Aber dann ließ er dennoch vernehmen, daß er keine zweite große Enttäuschung auf sich nehmen möchte. Ganz leise, weil er in der kleinen Stadt weder als Draufgänger noch als Hasenfuß publik gewesen war.

Benno, sein Lebenskamerad während der letzten zehn Jahre,

nahm für sich in Anspruch, seine Trauer in die Welt hinauszuposaunen, der braune Schäferhund hatte nach Völlers Tod über lange Zeit hinweg Tag und Nacht geheult. Es half nichts, er ließ sich von niemand trösten. Sein Herr hatte ihm oft genug bedeutet, daß er, Benno, der Liebste auf Erden sei. Spaziergänger trafen das verwaiste Tier mit gesenktem Kopf auf den früher mit seinem Herrn begangenen Wegen. Doch des nachts ließ er noch lange sein Klagelied ertönen. Die Nachbarn hatten sich daran gewöhnt. Aber eines Tages nützten die besten von Frau Beer hingestellten Bissen nichts mehr. Benno kränkelte. Sein Blick war leer, und des Tierarztes Arznei verweigerte er wie er auf alles gute Zureden bei den Mahlzeiten negativ reagierte. Benno starb an Herzschwäche, ein Vierteljahr nach seinem Herrn.

Adé schöne Gegend

Adé schöne Gegend

Alles Abreden half nichts, die Reiners hatten die Planung, ihre kleine Stadt zu verlassen, fix und fertig gemacht. Es hieß, sie wollten an den Rhein ziehen, in irgendeine große Stadt, "wo man nicht jeden Tag einer andern Klatschbase begegnet". Dann kann es nur Köln sein, dachte ein früherer Kunde. Er wollte, da er die Familie schon lange kannte, Näheres wissen und frug das Familienoberhaupt vor dem Hauseingang darnach. "Meine Frau und meine Töchter wollen aus dieser Straße, aus dieser kleinen Stadt verschwinden. Und ich auch, wir wollen leben!" Dies kam fast vorwurfsvoll aus dem Mund eines Eingesessenen. Sein Großvater nämlich hatte bereits das Geschäft gegründet. Auf die Frage, wohin die Familie ziehen will, sagte er "Nun, wenn Du es genau wissen willst, nach Köln, dort habe ich mit meinen fünfundfünfzig Jahren eine Stellung als Geschäftsführer bekommen. Von mir aus, kannst dies an alle Schulkameraden hinausposaunen. Die Lokalzeitung bekommen wir zugesandt, damit wir noch ein "bißle" von Euch erfahren." Diese Antwort Emils hat von seiner Bekanntschaft Respekt abgerungen. "In dem Alter und dann in eine solche Stadt" ziehen. "Und wie hat deine Frau reagiert, die aus einem noch kleineren Nest als das hiesige herstammt?" Emil lachte schallend und meinte, "Grad meine Else war die Triebfeder. Sie hat genug davon, vor der Kundschaft zu kriechen. Sie will jetzt ein Privatleben führen. Am meisten aber liegt unseren drei Töchtern daran, wegzuziehen. Die Älteste ist bereits in der großen Stadt, sie hat sich für uns umgesehen. Das hiesige Haus wird mit dem Laden verpachtet. In einer Woche kommt der Möbelwagen." Die Chancen zur Veränderung hatte die Familie Reiner rechtzeitig wahrgenommen. Es war in den Sechzigerjahren, wo da und dort in der Bundesrepublik Mangel an guten Arbeitskräften herrschte. Deshalb war es für einen flotten Fünfziger nicht allzuschwer, mit entsprechenden Beziehungen sein Zelt in der großen Stadt aufzuschlagen. Außerdem war Emil noch in späteren Jahren ein drahtiger Sportler. Daher konnte er schon bald mit einem passenden Bekanntenkreis rechnen.

Emil war einmal Jüngster in einer sechsköpfigen Geschwisterschar. Vom Großvater her war eine Schneiderei vorhanden, und für Emils Vater stand fest, den kleinen Handwerksbetrieb so weit wie möglich hochzubringen. Es gab auch kein Gebäude in dieser Häuserzeile des Städtchens, das er nicht im Visier hatte, es bei Gelegenheit aufzukaufen. Die Maßschneiderei brachte nach Emils Vaters Vorstellungen zu wenig ein. Die Männer aus der bäuerlichen Kundschaft waren mit einem einzigen Sonntagsanzug fürs ganze Leben zufrieden. Da sah der Meister im Absatz von Arbeitsanzügen bessere Chancen zum Vorwärtskommen.

Nachdem die sechs Kinder erwachsen geworden, wurden sie nacheinander nach dem gestrengen Willen des Vaters in dessen Werkstatt einbezogen. Zunächst gab es weder bei den zwei Söhnen, noch den vier Mädchen Widerstand. Dem Ältesten aber, nachdem er vermerkt hatte, daß der Jüngste zu Vaters Liebling herangewachsen, war der geschwisterliche Wetteifer zuwider.

Als er seinen Gesellenbrief in der Hand hatte, bemühte er sich um die Überfahrt nach Amerika. Er soll, so hieß es später, drüben als Tellerwäscher angefangen, seine Existenz aber bald mit eigenem Geschäft in einer gleichfalls kleinen Stadt im Norden begründet haben.

Daheim ging das Leben weiter. Die Reiners waren allesamt zu beschäftigt, als daß sie vielleicht Heimweh nach dem großen Bruder hätten empfinden oder gar an die große Glocke hängen hätten dürfen. Vater, Mutter, alle Schwestern und zwei ältere Basen arbeiteten verbissen an den Bauernhosen und Joppen. Bei Emil, dem Nesthäkchen drückte der Vater, wenn endlich Feierabend sein sollte, ein Auge zu. Weil Emil doch zu den angesetzten Turnstunden pünktlich zu sein hatte. Er war in der Freizeit ebenso erfolgversprechend wie im väterlichen Betrieb. Derweil hatten die Schwestern manchmal noch einen Teil des Feierabends für das Fertigmachen von Waren zu verwenden.

"Der Kleine darf alles, während wir Mädchen schuften müssen," so zeigten sie sich einig und bereiteten dem Vater die Ware vor, die er andertags zu Markte trug. "Man nuß sich sehen lassen, muß zeigen, was man zu bieten hat", meinte der Familienpatron selbstgefällig immer wieder. Auf den Märkten seinen Stand aufzuschlagen gehörte zu des alten Reiners angenehmsten Tätigkeiten. Da kam er mit vielen Menschen zusammen, das entsprach so ganz seinem Naturell. Das Marktfahren, früher mit Pferd und Wagen, schon bald mit kleinem motorisierten Lieferwagen, diente nicht nur seiner Umsatzsteigerung und der Förderung des Kleinbetriebs. Die Begegnungen, das Handeln und Feilschen machten für diesen Geschäftsmann so einen Markttag zu einer allzugern erwarteten Abwechslung zwischen der kräfteverschleusenden Produktion zuhause. Der Markttag rings in der Umgebung des Heimatstädtchens lockerte jeweils die sauren Arbeitswochen des Jahres freundlich auf.

Derweil war so ein Tag auch für seine Leute in der Werkstatt daheim eine Spanne des Luftholens zwischen der Schinderei, hauptsächlich an den Nähmaschinen. Der Stoff aus derbem Leinen, zum Teil auch mit etwas Baumwolle vermischt, war für die Frauenhände schwer zu bearbeiten. Die Finger, meist alle zehn, taten weh. Aber an Markttagen wurden sie wenigstens nicht zur Eile angetrieben.

Schaffa, schaffa

Der Vater von Emil, ein Vorbild im Schuften, Erwerben und Handeln, hatte sich zum Ziel gesetzt, die Früchte der Arbeit, gerecht auf seine Kinder zu verteilen. Aber ihre künftigen Verhältnisse wollte auch er allein gestalten. Damit begann er, als sie noch gar nicht im Heiratsalter angelangt waren. Sie sollten sich Zeit lassen, so paukte er den Mädchen ein. Zwei Nachbarhäuser waren zu seinem Anwesen gekommen, und auf das Übernächste zielte er ab. Als der alte Streber aus der Zeitung erfuhr, daß eine schwäbische Spinnerei in argen Schulden steckte, raffte er jede Mark, auch die von den Sparbüchern seiner Kinder zusammen. Er erwarb einen Tag vor der Bekanntgabe des Konkurses mehrere große Ballen Mischgewebe. Die eigneten sich glänzend zu den Arbeitskleidern seiner Bauern. Es geschah Ende der Zwanzigerjahre, daß er durch den Billigerwerb des Hauptmaterials die Produktion profitlich steigern konnte. Mehrere Hilfskräfte holte er während den Zeiten der Arbeitslosigkeit von der Straße weg. In etlichen behelfsmäßigen Werkstätten in den neuerworbenen Häusern nähten sie unter Anleitung der ältesten Tochter Arbeitskittel und -Hosen. Der emporgestiegene Handwerker warb mit Erfolg an etlichen Plätzen eine ganze Truppe von Markthändlern für den Absatz. So gelangten die Bekleidungsstücke für den bäuerlichen Alltag ins württembergische Unterland, ebenso ins Badische hinter dem dunklen Schwarzwaldbergland hinein. Bauern und Winzer griffen trotz oft knapper Kasse am Marktstand alle anderen Angebote übersehend zu den Waren aus dem Wald. Emils Vater hatte sich damals von der Konkursmasse für Jahre hinaus eingedeckt. Er hatte keine Schwierigkeiten in Bezug auf Farbmode zu bewältigen: entweder blaue oder graue, und sonst nichts.

In der Bekleidungswirtschaft wurde seit geraumer Zeit von einer Schrumpfbranche gesprochen. Die allgemeine Entwicklung zum hochindustriellen Produkt und die Öffnung internationaler Märkte waren Bremsen für die Kollegen der Kleinindustrie. Nicht aber für Emils Vater, weil er nicht auf das verteuerte Grundmaterial angewiesen war. Während flauem Geschäftsgang mußte in anderen Familien der Gürtel enger geschnallt werden. In diesem Haushalt, wo Meister und Gesellen an einem Tisch aßen, spürte man keine Einschränkungen. In der Küche wurde nämlich nicht nur sonntags mit der Bratenschaufel gewendet, sondern fast jeden Tag. "Essen und Trinken hält Leib und Seele zusammen" ließ der Meister gelegentlich als Lebensweisheit voller Stolz hören. Der Familienzusammenhalt war nach außenhin mustergültig zu nennen. Aber es schien fraglich, ob auch im einzelnen das Gemüt bedacht wurde. Emils Mutter saß zuweilen ziemlich abgekämpft auf der Kirchenbank. Es war die einzige Möglichkeit, dem Haushalt wenigstens anderthalb Stunden zu entweichen. Eine sie beobachtende Nachbarin wollte hin und wieder eine Träne über der Geschäftsfrau Gesicht rinnen gesehen haben. Sie hatte dann sicher an den fernen Ältesten gedacht. Daß er einst fortging, blieb eine Wunde in ihrem Herzen. Sie konnte ja nur für ihn beten. Sonst nichts. Der Sohn war ihr nicht gram, das ließ er wissen, wenn er ihr einmal im Jahr zum Geburtstag gratulierte.

Immer am Drücker

Sein Vater hatte inzwischen mehrere Baugrundstücke aufgekauft. Er war ein Genie darin, besonders preisgünstige Gelegenheiten aufzuspüren. Da er längst aus den roten Zahlen heraus war, konnte er durch die Möglichkeit der Barzahlung manchen Tausender vom Angebot herunterdrücken. Ein kühler Rechner, der er war, empfand kein Mitleid, wenn es bei gelegentlichem Notverkauf um die Existenz eines verarmten Menschen ging. Sein Gewissen beruhigte er mit der heimlichen Rechtfertigung, daß er den "geschickten Handel" um seiner Kinder willen getan hatte.

An einem Montagmorgen fehlte Nelly, die zweite Tochter, an ihrem Arbeitsplatz. Sie hatte Fieber und hustete unentwegt. In kleinen Anfällen hörte man sie zuvor in der Zuschneiderei husten. Aber niemand nahm Notiz davon. Jeder war mit sich selbst beschäftigt. Jeder wollte sein vorgenommenes Quantum binnen der vom Vater vorgeschriebenen Zeit bewältigen. Denn er war gezwungen, seine Zusagen, soundsoviele Anzüge, auf einen bestimmten Termin zu liefern, einzuhalten, er blieb hart. Das Wort "Streß" war in jenen Jahren noch nicht in Mode gekommen. Aber Nelly schien "überschafft" zu sein. So sagte der Arzt, den man herbeizog. Die Mutter, bereits mit Arbeit überhäuft, überließ keinem andern die Pflege der Erkrankten. Nelly atmete immer schwerer, qualvoller. Die Krise ging ohne Hoffnung vorüber, und in wenigen Tagen war Nelly tot, gestorben in den Armen der Mutter. Der Verlust der 23-jährigen Tochter mit ihrem sanften Gemüt rührte den Vater, letztlich auch die Geschwister.

Für sie bräuchte der Vater gewiß keine Grundstückskäufe tätigen, soll Nelly am runden Familientisch an einem Winterabend gesagt haben. Als ob sie von ihrem frühen Tod eine Vorahnung gehabt haben könnte? "Die galoppierende Schwindsucht" sagten Bekannte mit vorgehaltener Hand, sei es gewesen. Von jener Zeit an verfügte der Vater nicht mehr so streng wie ehedem über die Zeit seiner Töchter. "Er geht in sich" verriet Mutter Marie ihrer Jüngsten. Er ließ sich jetzt öfter dazu bewegen, seine Frau in die Kirche zu begleiten. Auf dem Heimweg bemerkte sie hie und da feuchte Augen an ihrem Mann. Aber es fiel kein einziges Wort von seiner Seite.

Abkehr vom blauen Anton

Dann kam die Zeit, wo die Auftragseingänge nachließen, auch auf den Märkten in den Landorten des Nordschwarzwalds waren die "blauen Antone" nicht mehr begehrter Artikel. Nun, da der Meister von jedem Markt immer mehr Ware zurückgebracht bekam, begann der alte Reiner seinen Bekleidungsbetrieb einzuschränken. Für Nelly hatte er ohnedies immer noch keinen Ersatz eingestellt. Und der jüngste Sohn Emil sprach vom Handel. Er wollte sich nicht in bisheriger Weise abschuften, ebensowenig sollte dies einmal seine eigene Familie tun müssen.

Die Werkstätten in den Nachbarhäusern ließen die Reiners nach und nach in kleinere Wohnungen umbauen. Binnen eines Jahres war für anderweitige Beschäftigungen des Personals, hauptsächlich für Frauen und Mädchen, gesorgt, als des Strebers ernst genommene Aufgabe.

Eine der drei verbliebenen Töchter hatte es durchgesetzt, den Beruf der Krankenschwester zu ergreifen. Der Vater ließ sich in der Tat überreden, die damals üblichen Ausbildungskosten zu übernehmen. Dies wäre vor dem plötzlichen Todesfall in der Familie undenkbar gewesen. Dora und Lisa wollten heiraten. Beide spielten lange mit dem Gedanken, eine Familie zu gründen. "Da werde ich aber auch ein Wort mitreden, glaubt ja nicht, daß mir als Vater jeder Hergelaufene recht ist" so ließ das Familienoberhaupt wissen. Und die Mädchen gingen ihre heimlichen Wege. Es blieb aber dem Vater nicht verborgen. "Dein Schwarm gefällt mir nicht" und weiter "Du mußt sofort von ihm lassen" so wurde Lisa, der jüngsten Tochter befohlen. Der väterliche Blick hatte ihre Zweisamkeit einmal abends beim Heimgehen getroffen. Hinter einem Schlitz des Fensterladens war sie und ihr Liebster beobachtet worden. "Nichts da, es wird sofort ein Riegel vorgeschoben. Auf keinen Fall kriegt der Bettelmann meine Tochter." "Dem Vater bleibt rein gar nichts verborgen, am wenigsten ein kleiner Fabrikarbeiter", stellte Lisa fest. Die Zwanzigjährige bekam daraufhin Hausarrest. Es wurden ihr abends

Schreibarbeiten übertragen, die sonst die Mutter erledigte. Jene meinte zum Vater: "Diese Liebelei wird sich von selbst wieder auflösen. Nimm doch die Kleine nicht so arg an die Kandare". Aber ihr Mann, Gebieter über sie und die Kinder, hatte seine gewissen Pläne für die Zukunft bereit. Er fuhr mit dem Fahrrad in den nächsten Tagen 25 Kilometer weit weg zu einem früheren guten Kunden. Dessen Sohn, das war bekannt, sollte das väterliche Sägewerk übernehmen. Ein Wort gab das andere schon bei diesem Besuch. Der Sägewerker machte dann seine "Aufwartung", es sollte wie zufällig aussehen — und der Lisa fiel es in der Folgezeit gar nicht mehr schwer, abends noch Rechnungen auszuschreiben. Die "Liebelei" war bald vergessen, und der Vater war zufrieden. Bei der Hochzeit mit dem vom Vater gewählten Sägewerker bekam die jüngste Tochter ein beachtliches Sparbuch, dasselbe Geldguthaben, das der Vater auch für seine Älteste bereithielt.

Ein Jahr später wurde Dora verheiratet. Sie hatte eigentlich die gebieterische Art ihres Vaters von Geburt an mitbekommen, war unter den Geschwistern diejenige, die dem "Chef" am Nächsten stand. Sie gab sich stets selbstbewußt. Und ihre Erscheinung unterstrich ihren Charakterzug. Sie hatte sich vorgenommen, einen höheren Beamten zu ehelichen. Ihren Hobbys, Tanzen und Skifahren sowie Gärtnern in einem schönen Garten wollte sie unbedingt "lebenslang" frönen. "Nein", sagte sie zu ihrer Freundin "ich bin mir für die Schufterei in einem Geschäftshaus zu gut." Nach ein paar nacheinander geschlossenen und wieder auseinandergegangenen Freundschaften, die sie vor ihrem Vater geschickt verbergen konnte, gelangte sie ans Ziel. "Der Mann ihres Lebens" war gefunden. Aber er hatte sich eigentlich vorgenommen, es beim Flirten zu belassen. Zumal bei Dora. Sie war ihm in ihrer Art zu selbstsicher, obgleich er sich auch ein engelhaftes Wesen nicht zu einer Dauerbindung wünschte. "Für dauernd binden", nein, dazu hatte er trotz dem sogenannten Heiratsalter keine Lust.

Die Älteste wandte sich, was ihr fast als Erniedrigung vorkam, an ihren Papa. "Ach, so steht die Sache", sagte er. Und nach einer kleinen Pause: "Laß mich das machen". Unter welchen Umständen dies mit Erfolg geschah, blieb ein Geheimnis. Dora wurde mit ihrem

Beamten auf Lebenszeit gebunden, samt Grund und Boden aus ihres Vaters Hand.

Emil übernahm bald darauf die Herrschaft im Vaterhaus. Nacheinander starben Vater und Mutter. Sie beide hatten noch erlebt, wie aus der Kleinfabrik ein repräsentabler Laden entstand. Dem Herrenbekleidungsgeschäft war eine kleine Schneiderei angegliedert. Darin arbeiteten für die Kundschaft der Meister mit ein paar Gesellen und einem Lehrling.

Dem Vater war es das letzte Glück, daß sein Lieblingssohn jenes Mädchen heimbrachte, auf das der Alte schon lange zuvor ein Auge für seinen Sohn geworfen hatte.

Das von Emil und seiner Frau geführte Ladengeschäft erfuhr seine Blüte nach dem zweiten Weltkrieg. Es wurde eine Geldgrube. Als jedoch Emils Nachwuchs — drei Mädchen — erwachsen war, erkannte man absolut keine Neigung zum Einsteigen. Dagegen wollten sie aus der Blumenstraße "auf jeden Fall" aussteigen, hinausfliegen in die Welt. Als die Berufe feststanden, ebenso die neuen Domizile, waren inzwischen auch Vater und Mutter vom Fernweh angesteckt. Emil und seine Frau wurden sich binnen weniger Wochen darin einig, in eine Großstadt zu ziehen. Sie brachen ihre Zelte ab und zogen an den Rhein.

"Noch keine Sekunde haben wir unseren Entschluß bereut", so sprach Emil bei einer Begegnung in der alten Heimat. Er hatte damals noch einige Angelegenheiten der Vermietungen zu regeln. "Meine Frau ist so richtig aufgeblüht aufs Alter", meinte er fröhlich. Dort braucht sie nicht immer zu fragen, was die Leute dazu sagen werden, wenn die Töchter mit dem letzten Schrei der Mode bekleidet sind." Alle drei waren nämlich in dieser Branche tätig. In der kleinen Stadt im nördlichen Schwarzwald haben die Reiners mit der Zeit alle Immobilien verkauft, mit dem Erlös einen Zipfel von der Großstadt erobert, ein paar moderne Eigentumswohnungen zugelegt, und wie Emil behauptete, alle spießbürgerlichen Ketten abgelegt. Er und seine Familie erzählten beim letzten Besuch, daß der gotische größte Kirchenbau in deutschen Landen, der Kölner Dom, sie für alles Zurückgelassene allein entschädige. Die Türme seien für ihn selbst himmelweisend. Böse Zungen hatten konstatiert, daß sich bei Emil das Rad der Geschichte andersherum gedreht haben müsse. "Wer hätte sich sonst träumen lassen, daß bei den Reiners einmal die Alten nach der Pfeife der Jungen tanzen würden". Nach zwanzig Jahren betrachtet scheint Alt und Jung der Neue Rhythmus gut bekommen zu sein.

Kleinen Mannes großes Geld

Kleinen Mannes großes Geld

Die Reporterin hatte den Auftrag, einen alten Lehrer wegen seines bevorstehenden 80. Geburtstags zu interviewen. Bei der telefonischen ANmeldung schlug der immer noch sehr energische Schulmann das Ansinnen glattweg ab. "Nein, das ist nicht notwendig. Ich bin bekannt genug im Städtchen. Sie können von mir aus in der Geburtstagsrubrik die Jahreszahl anführen. Auf die Gegenfrage "Sie schmeißen mich doch sicher nicht raus, wenn ich dennoch bei Ihnen geschwind reinschaue" gab es dann auch ein klares "Nein". So kam es, daß aus der behaglichen Stube gleich zwei Lebensgeschichten mit nach Hause gebracht wurden. Das Stenogrammheft war voller Notizen. Und das kam so: Am Tag des Besuchs beim alten Rektor stand die Todesanzeige eines alten Eisenbahners in der Zeitung. Der Vestorbene war nämlich nur einen Tag älter als der Besuchte. So ergab sich, daß vorderhand zuerst die "Zunge gelupft" wurde für Jenen und erst lange nachher, sogar bereitwillig, wider Erwarten, für den Erzähler selbst. Sie kannten sich seit dem ersten Schultag. Weil der eine der damaligen ABC-Schützen Banger hieß, der andere Birmele, wurden sie Banknachbarn auf der Bubenseite. Die Anfangsbuchstaben des Nachnamens waren dazumal für die Sitzordnug im Schullokal maßgeblich. Fritz Birmele saß drei Jahre lang nebem Gottfried Banger, der Kleine neben dem Langen. Es hatte dem großen Bub gar nicht gefallen wollen, daß er einen solchen "Wicht" als Nachbar bekommen sollte. Der Lehrer ließ keinen Einwand seinerseits gelten. Da nahm sich Gottfried vor, den Kleinen mit der Zeit einfach wegzuekeln. Die Beiden waren indes nicht nur im Äußeren verschieden. Es stellte sich bald heraus, daß Gottfrieds geistige Kräfte dem andern weit überlegen waren. Seine Vesperbrote waren immer seinem großen Apetitt angepaßt. Von Haus aus genoß er sichtlich beste Pflege, auch in Bezug auf seine Kleidung. Der kleine Birmele dagegen war das sechste Kind seiner Eltern, und dazu noch ein zu früh geborenes aus einer sehr armen Familie.

Gottfrieds Mutter schärfte ihrem Erstgeborenen ein, sich nicht allzu überheblich gegenüber seinem Banknachbarn zu stellen. Sie gab ihrem Sohn manchmal einen zweiten Apfel mit, "damit der Fritzle nicht dauernd zugucken muß." So hämmerte sie dem Großen auch ein, daß er dem Fritzle beim Lernen behilflich sein solle. Das verstand er auf mütterliches Geheiß auch ganz unauffällig zu tun. Der strenge Schulmeister durfte es keineswegs merken.

Als das erste Schuljahr beendet war, und die Hausaufgaben nicht mehr ganz einfach geworden, war es wieder Gottfrieds Mutter, die die Entwicklung des Kleinen mit Sorge verfolgt hatte. "Er soll jede Woche einmal hierher kommen" befahl sie ihrem Sohn auszurichten. Sie wußte von der schulischen Überlegenheit des einen, und sie forderte diesen auf, dem andern, dem Unterlegenen, etwas mehr von seinem "Überfluß" abzugeben. Gottfried befolgte ihren Rat. "Ich bin meiner Mutter heute noch dafür dankbar, ebenso dem lieben Gott, daß er mir das Fritzle zugeführt hat," erinnerte sich der spätere Lehrer. "Ich habe im Umgang mit diesem Mitschüler sehr viel für mein künftiges Leben gelernt."

Mit dem Beginn des vierten Schuljahrs hatten sich die Wege der beiden Buben getrennt. Die Anforderungen der höheren Schule forderten von Gottfried schließlich weit mehr Zeitaufwand als früher. Auch mußte er in eine entfernte Stadt mit dem Milchfuhrwerk fahren. Gottfrieds Mutter aber hatte den Fritz immer wieder gebeten, "ein kleines B'süchle" im Bauernhaus zu machen. Dies kam dem Jungen hauptsächlich in den Hungerjahren der Nachkriegszeit zurecht. Er konnte sich dort sattessen, und revanchierte sich im Mithelfen bei Feldarbeiten.

Nachdem der Geldwert sich nach der Inflation gegen Ende der Zwanzigerjahre endlich wieder stabilisiert hatte, entwickelte sich bei Fritz, dem Kleinen, eine gewisse Gier nach Besitz. Er ließ sich bei gelegentlichen Besuchen im Hause Banger immer noch gerne bewirten, machte aber nach den kleinsten Handlangerdiensten eine Rechnung auf. Dies ließ Gottfrieds Mutter aufhorchen :" Also dahin hat sich der Bursche entwickelt". Er anderseits gedachte seine Dienste immer höher zu verkaufen, vergaß vollständig, was man ihm in jenem Hause Gutes getan hat. Es gab für alle Hausbewohner eine Enttäuschung, als Fritz zur Erntehilfe gebeten, weil das Personal aus finanziellen Gründen reduziert worden war. Der junge Mann spielte sich mit überhöhten Anforderungen auf, trotzdem ihm der geldliche Notstand im Haus bekannt gewesen sein mußte. Eine Bäckerlehre gab er dann auf. Das Frühaufstehen war nicht seine Sache, er kam in den Betrieb wann er wollte. Danach wollte es ein anderer Meister mit ihm versuchen, ein Schneider. Dort düngte ihm die sitzende Arbeitsweise zu lang. " Was tun mit dem Bengel" fragte sich der Vater, der arbeitslos war. " Vogel friß oder stirb", damit wurde er vom kargen Tisch daheim abgesetzt. "Knitzer Kerle", du mußt irgendwo deine gewachsene Kraft anbringen, und dich ehrlich und redlich ernähren!" Das Machtwort half.

Nach manchem Rutsch von einer zur andern Arbeits-Aushilfsstelle, gelangte Fritz Birmele schließlich zur Eisenbahn. Beim Gleisbau bedeuteten ihm die MItarbeiter, daß die Vorgesetzten nicht lange fackeln, wenn sich einer das Arbeiten allzu leicht macht. So gewarnt, ordnete sich mit der Zeit das Arbeitsleben des kleinen Fritz. Er sagte sich "Glück muß man haben", so zum Beispiel beim Kriegsdienst 1939-1945. Da war er weit hinter der Front mit Erdarbeiten beschäftigt worden. "Weil ich zu kurz gewachsen, blieb ich vom Soldatsein verschont", so berichtete der einstige Schulkamerad, und konstatierte genugtuend, daß Fritz kleiner Wuchs mit einem gewissen "Knitzsein" ausgeglichen war. "Beim Schaffa jo net der Erschte sei" und "Mr muaß de andere au ebbes lau", so hat sich der Birmele selbst entschuldigt. "Auf da Hosaboda setza ond lerna" ist für ihn schon während der ersten Schulzeit eine kolossale Zumutung gewesen.

Er hatte es aber dennoch zu Weib und Kindern gebracht. Als sich bereits im Ruhestand die beiden Ungleichen auf dem Weg ins Städtchen einmal trafen, konnte der kleine Mann die gute Entwicklung seiner zwei Söhne nicht genug hervorheben. Weil nämlich der lange Gottfried kinderlos blieb, rechnete der andere das Kinderhaben als ein Plus für sich, ein wohlverdientes. Ebenso prahlte der kleine Mann mit der Körpergröße seiner Buben. Er hatte nämlich eine große Frau geheiratet. Aber sie starb buchstäblich am Geiz. Jede kleinste Ausgabe wurde ihr vom Mann vorgerechnet. So war es ihr verwehrt, sich nach einer überstanden geglaubten Krankheit wieder hochzubringen. Ihm konnte sie nicht rasch genug wieder ihre Arbeit als Reinemachefrau in einem Ladengeschäft aufnehmen. Er hielt es für Zeitverschwendung, sobald sie sich müde fühlte und sich tagsüber eine zeitlang niederlegte. Lange bevor sie sich den "wohlverdienten Feierabend" gönnen durfte, welkte die Frau dahin.

Untrüglicher Spürsinn

Der Birmele war längst im Ruhestand, als er sich ausrechnete, daß ihm trotz seinem angewachsenen Geld — er bezog eine Doppelrente — noch einiges fehlte, um als "wohlhabend" zu gelten. Er stellte lange Überlegungen an, wer von seinen "Kunden", die ihn mit gelegentlichen Garten- oder Holzarbeiten beschäftigten, nicht mehr zu den Gesündesten gehörte. So war ihm eines Tages das Herzasthma der alten Frau in dem großen Haus eingefallen. Sie hatte schon manchmal über ihr Leiden geklagt, wenn er Gartenholz für ihr Kaminfeuer aufspaltete. Es fiel ihr kaum auf, daß er aufeinmal viel netter und hilfsbereiter war, als zuvor.

So klagte sie über die hohe Steuerlast, die Haus- und Geldvermögen abverlangte. Sie war kinderlos, und ihr Mann vor mehreren Jahren gestorben.

Birmele war eines Vormittags zugegen, als sich wieder ein ASTHMA-Anfall einstellte. Die Kranke rief ihn zu sich, als er auf der Terasse arbeitete. "Es wird wohl mein Letzter sein" brachte sie stokkend heraus.. Dann nahm sie aus einer Kassette ein Sparbuch und gab es dem kleinen Mann mit einem vorbereiteten Schreiben an die Bank in die Hand.

Es war tasächlich ihr letzter Anfall, sie starb innerhalb der nächsten halben Stunde. Und Fritz Birmele war noch bei ihr... Er hat auch die letzten Anordnungen getroffen. Die zuvor erhaltene Schenkung meldete er dem Nachlaßrichter. So ging alles mit rechten Dingen zu...

Der Vermögenszuwachs hatte dem alten Mann freilich kaum mehr eine glückliche Stunde gebracht. Der miterlebte Todesfall war ihm nahe gegangen. Anderersetis war er zu knauserig, um den Fiskus an seinem Geschenk teilhaben lassen zu wollen. Er ließ jede Mahnung in den Papierkorb flattern. An dem Tag, als der Gerichtsvollzieher in seinem kleinen Haus eintraf, bekam er einen Herzschlag.

Nachbarn hinter dem Gartenzaun der vertsorbenen Witwe meinten nachher, daß ihnen der häufige Besuch des kleinen Mannes im Nebenhaus aufgefallen sei. Jener Garten sei sonst noch nie so musterhaft instandgehalten gewesen.

Die Trauer in der Verwandtschaft des Birmele war nicht so groß wie eigentlich von Kindern erwartet. Von der Hinterlassenschaft waren die Söhne freilich angenehm überrascht. "Ist das möglich? Der Vater war doch so verdruckt, hatte unseren Geburtstag, seit die Mutter gestorben, immer vergessen. Die Enkelkinder mochte er nicht, weil sie ihn, wie er merkte, "Hinderom verspättlet".

Nachhall aus Frühlingsjahren

Nachhall aus Frühlingsjahren

Gottfried Banger war über den Beginn des Ruhestandalters hinaus, als er um Fortsetzung seines Amtes als Schulleiter gebeten wurde. Es war damals Lehrermangel im Lande. So waren es noch ein paar Jahre. Es machte ihm Spaß im neuen Schulhaus mit den modernen Anlagen. Dies gab Genugtuung über den Sieg nach jahrelangem Kampf um das Neue. "Erziehung ist die höchste Lebenskunst" nach dem schweizerischen Volkserzieher Pestalozzi wurde dem pensionierten Rektor lebenslang deutlich.

Eigene Kinder waren ihm versagt. Das einzige verstarb im Alter von zwei Jahren. Es war eigentlich die Tragödie seines Lebens.

Seine Frau war am Tag des Redaktionsbesuchs bei einem Kaffeeklatsch. "Mit der Familie eines jungen Kollegen versteht sie sich besonders gut", so entschuldigte er die Abwesenheit der Hausfrau. "Zu dem Dreijährigen hat sie halt die beste Verbindung. Wenn sie nämlich in jener Wohnung erscheint, muß seine Mutter ihre Erziehungsgrundsätze für einige Stunden über Bord werfen. Das ist wegen der Schokolade und anderen Süßigkeiten, mit denen sich die Kinderlose Anhänglichkeit einhandeln will. Diese jungen Eltern drücken halt ein Auge zu. Sie wollen sich aber keinen Nascher heranziehen. So handeln sie bei diesem Besuch nach dem Sprichwort "Einmal ist keinmal".

Der alte Lehrer sinniert ein paar Minuten lang vor sich hin. Dann sagt er aufeinmal "Man kann die Zeit nicht zurückdrehen. Ich habe natürlich unter dem Mangel an eigenen Kindern nicht so arg gelitten wie meine Frau, hatte haufenweise jeden Tag Jugend um mich herum. "Nach dem Krieg — ich kam gottseidank gesund nach Haus, stürzte ich mich geradezu in meine Berufung. So betrachtete ich meine Aufgabe an der Jugend. Das Amt des Rektors in der kleinen Stadt, in derjenigen, wo ich alt geworden bin, war absolut kein Schleckhafen. Die Kriegsjahre hatten junge Lehrer einfach aufgeschluckt. Für Erstklässler wurden Kindergärtnerinnen herangezogen. Eine Menge von Erziehungs- und Lehrmethoden wurden über den Haufen geworfen. Der Lehrstoff konnte nur unter den Grenzen behandelt werden, manches wurde unter den Tisch gefegt. Es brauchte lange Zeit, bis das Erziehungswesen im Lande wieder seine Ordnung bekam, und hernach die allgemeine Neuordnung im Schulwesen.

Der Tatzenstecken war ja abgeschafft worden. Aber ich hatte Mühe, ganz ohne körperliche Züchtigung auszukommen. Und die schwierigen Fälle waren gar nicht so selten. Kriegsbedingt ging aus jener Zeit manches Muttersöhnchen hervor. Zweimal nacheinander hatte ich Mühe, mich den drohenden Prügeln von 15-jährigen Buben zu erwehren. Ich hatte sie zu einer Strafarbeit verdonnert. Mir rutschte die Hand aus, weil sie dies nicht für rechtens gehalten hatten. Fragen Sie nicht, wieviele schlaflose Nächte dieser Fall für mich gebracht hat. Die Mütter drohten in Briefen mit Anrufung des Gerichts... Meine Musik daheim am Klavier war damals für mich die beste Arznei, um mein aufgebrachtes Temperament wieder ins Geleise zu bringen.

Immer mehr waren die freien Stunden mit verschiedenen Hobbies ausgefüllt. Und im Urlaub ging ich unter die Bergsteiger. Meine Frau vergnügte sich im Sommer am Meer, mit Bekannten. So gingen die Jahre hin."

Als Schulbub hatte er ein Jahr lang Klavierstunden bekommen, von einem Lehrer. Jener hatte sechs Kinder. Die Einkünfte reichten vorne und hinten nicht aus, so daß er im Spezereilädchen in Gottfrieds Vaterhaus in der Kreide stand. Gottfrieds Vater hatte selber zwar Mühe und Not, seine vielköpfige Familie durchzubringen. Die Gastwirtschaft brachte während der schönen Jahreszeit gerade soviel ein, daß die Mutter beim abendlichen Kassensturz nur konstatieren konnte: "Es hat wenigstens getröpfelt." Von den Wintereinnahmen blieb hie und da soviel übrig, daß irgendwo im alten Haus eine Reparatur durchgeführt werden konnte. Es ging knapp her. Deshalb brauchte man zusätzlich noch den kleinen Handel im Lädchen. "Wir Kinder hatten aber dennoch eine ganz schöne Jugendzeit", so stellte Gottfried fest. (Die Landwirtschaft war aufgegeben worden.)

Keine Mahlzeit ging ohne das Tischgebet vorüber. Nacheinander waren die Brüder an der Reihe. Genau wie das Gebet war auch die Arbeit im Haus, im Kaninchenstall und bei den Hühnern, beim Holzspalten und Aufräumen aufgeteilt. Des Vaters Organisationstalent ließ kein Familienmitglied ungeschoren."

"Influenza" hieß die Grippa damals", so der Erzähler, "bedeutete, daß man wenigstens einmal im Jahr ganz persönlich von der mütterlichen Fürsorge umgeben war. Trotz der schweren Arbeit hatte die Mutter ganz weiche Hände, beim Hals- oder Bauchwickelmachen fühlte ich mich schon halbgesund. Und erst recht, wenn sie beim Weggehn noch über meinen dichten Haarschopf strich und sagte "Buale, s'goht bald vorbei!" Ach, die Jahre gingen schnell dahin.

Im Lehrerseminar gab es Gelegenheit, das musikalische Talent besser als daheim auf dem klapprigen Instrument zu entfalten. "Vater hatte freilich Mühe, die Ausbildungskosten aufzubringen. Es war ein Glück für mich, daß die nachfolgenden Brüder nicht auch zugleich Pädagoge werden wollten. Sie wurden in eine Handwerkerlehrstelle gebracht, mit Kost und Logie. Das Lehrgeld und die Unterbringungskosten verursachten mit die Auszehrung meines Vaters Vermögen. Er jammerte, wenn ich spätabends vom Seminar heimkam — es war jeweils ein Fußweg von anderthalb Stunden täglich —, und ich glaubte es ihm beim Anblick seines geflickten Anzuga, als er es bemerkte und sagte: D'Muater flickt am Häs rom bis en d'Nacht nei".

Es war einst keine "Schande", wenn man mit geflicktem Zeug einherging, es war ja Nachkriegszeit. Da waren die Leute froh, sich und ihre Kinder wenigstens mit mangelhafter Nahrung durchbringen zu können. Als Gottfried Banger sein Studium beendet hatte, war nirgendwo eine Lehrerstelle frei. Er wurde vertröstet. Da verdingte er sich als Bauernknecht. Abends war er todmüde, doch das Bewußtsein, seinen Eltern "nicht zur Last zu liegen" befriedigte ihn einigermaßen. Es war ihm erlaubt, im Pfarrhaus auf einem alten Klavier zu üben, später war es ein Harmonium, das ihn weiterbrachte. Schließlich, nachdem im allgemeinen wieder normales Leben in Stadt und Land eingekehrt war, schien Gottfried ein Organistendienst erstrebenswert. Er wurde ihm an zwei verschiedenen Orten angeboten, er nahm beide an, weil die Gottesdienste zu verschiedenen Zeiten stattfanden.

Es klang so schön

"So war ich ein paar Jahre lang Bauernknecht und Organist". In den beiden Gemeinden hatte ich mich auch als Dirigent des Gesangvereins betätigt.

Jenny, die Tochter einer Witwe, fiel durch ihre prächtige Sopranstimme auf, weniger durch ihre zierliche Gestalt. Mit den beiden Gesangvereinen konnte ich mich an ein Gemeinschaftskonzert wagen, Jenny war für die Soloparts ausersehen. Bei den Proben strahlte sie mich an, als ob es sonst nichts auf der Welt gäbe. Nach einem Konzert, als ich wieder mehr über meine Abendstunden verfügen konnte, lud ich Jenny zu einem Spaziergang ein. Sie war anschmiegsam..."

Da machte der alte Mann eine kleine Pause, weil ihn wahrscheinlich die Erinnerung überwältigt hatte. Er fuhr dann fort: "Wir sangen zusammen die allerschönsten Löns-Lieder, gaben Duovorträge im Wald und auf der Heide. Es muß bezaubernd geklungen haben, denn jeder Vogellaut war verstummt. Eine plötzlich eingetretene Kälteperiode machte aber unseren der Gegenwart ganz entrückten, öfteren Zweisamkeiten ein jähes Ende.

Jennys Mutter war ich nicht genehm. Sie wollte keinen arbeitslosen Lehrer in ihrem Haus aus- und eingehen sehen. Die Verbindung durfte nicht weiterbestehen. Darum machte sie kurzen Prozeß, arrangierte die Aufnahme in ein Mädchenpensionat und schrieb mir einen Brief. Nur noch einmal sollten wir uns treffen, aber nur für eine halbe Stunde. Diese nützten wir an einem lauen Abend (bevor ein harter Winter hereinbrach) und vergaßen die Zeit..."

Der Mann, der ursprünglich aus seinem hohen Geburtstag und noch weniger aus seiner Lebensgeschichte etwas gemacht haben wollte, war über sein Aus-Sichherausgehen selbst erstaunt. "Ach, wissen Sie, es ist schon lange her, seit mir ein Mensch begegnet ist, der so geduldig und doch voll Interesse zuhören kann wie Sie.

Darf ich fortfahren, es erleichtert mein Gemüt?" Gespannt auf die Fortsetzung folgte vom Gegenüber ein wortloses Zunicken. Es fiel dem Partner sichtlich schwerer.

"Mit mütterlicher Vorsorge war für Jenny eine ziemlich weit entfernt liegende Pension aufgesucht worden. Auch eine sehr strenge". Nachdem der junge Gottfried auf seine Briefe nie eine Antwort erhielt, nahm er an, daß sie abgefangen und nicht an den Adressat weitergeleitet wurden. Es war für Gottfried unvorstellbar, daß es mit der Liebe zwischen ihm und Jenny aus sein könnte. Von den beiden aus bestand wahrhaftig keine Veranlassung. Aber die unglaublich strenge Mutter.... Nicht einmal zu Weihnachten durfte das Mädchen kommen.

Das Leben aber ging weiter. Auf eine Anzeige hin erhielt der Bauernknecht, Organist und Dirigent eine Anstellung als Junglehrer, nicht allzuweit vom Ort entfernt.

"Meine Zeit war total vollgestopft. Dies war ein Glück, so kam ich kaum zum Grübeln." Es trafen sich in seinem Schulhaus die Schulpflichtigen von vier kleineren Orten, alle Klassen.

Der Lehrer von damals war eigentlich "Mädchen für alles". Als Dirigent des Leichenchors hatte er zwischen den vier Dörfern und einem einzigen Friedhof sommers und winters Aufträge. "Es warteten derer soviele, daß ich erst am späten Abend mich hinter die Korrektur von Schulaufgaben machen konnte." Für den jungen Lehrer verblieb also tagsüber kaum ein Viertelstündchen übrig, um an das ferne Mädchen zu denken. Er hatte allmählich aufgehört, Briefe zu schreiben, weil das Echo fehlte. Vom Bayernland, wo Jenny für ein Jahr hingeschickt wurde, kam ein einziges Mal ein Lebenszeichen von ihr. Dies war aber auch das erste und letzte. Gottfried war drauf und dran, dorthin zu fahren. Doch wußte er gut genug, daß er in dem strengen Institut nicht vorgelassen wurde. Von einem Treffen also war nichts zu erhoffen. Als er just diesen Gedanken aufgegeben hatte, wurde er nach einem anstrengenden Unterrichtstag von einem Gleichaltrigen, der beim Bauer Gottfrieds Nachfolger geworden, angesprochen. Während den letzten Tagen war der junge Lehrer von dunklen Ahnungen verfolgt. Und nun wurde es ausge-

sprochen: "Die Jenny lebt nicht mehr. Sie soll schwanger gewesen sein. Als sie und die anderen Mädchen mit einem Kahn auf den See hinausfuhren, sprang Jenny an einer tiefen Stelle ins Wasser, und kam nicht mehr hoch. Man hatte ihr nichts von ihrem Zustand angesehen, nur klagte sie einer Freundin von öfterer Übelkeit..."
Wie ein Schlag ins Gesicht wirkte diese Nachricht.

Von Jennys Mutter sah und hörte er nichts, außer einer von seiner Vermieterin flüchtig hingeworfenen Mitteilung, daß jene aus ihrer Villa weg in eine große Stadt verzogen sei.
Mißmutig tat Gottfried zunächst seine diversen Dienste. Es brauchte eine lange Zeit, den Velust zu verkraften. "Das Orgelspiel", meinte der Pfarrer, "ist jetzt viel besser geworden. Der junge Mann muß eine Wandlung durchgemacht haben". Er sagte es später Gottfried persönlich. Und bei dieser Gelegenheit wurde er ins Studierzimmer des Pfarrhauses zu einer Tasse Kaffee eingeladen. Die Aussprache mit dem Geistlichen gab dem Jungen wieder einigermaßen das seelische Gleichgewicht zurück. Es bildete einen gewissen Ersatz dafür, daß ihm von Jennys Mutter kein einziges Wort über den verhängnisvollen Tod der Tochter mitgeteilt, viel weniger noch ein Gespräch herbeigeführt wurde. So blieb für ihn schlechthin auch das Grab seiner ersten Liebe unauffindbar.